O casamento do céu e do inferno
e outros escritos

WILLIAM BLAKE

O casamento do céu e do inferno
e outros escritos

Seleção, tradução e apresentação de
ALBERTO MARSICANO

www.lpm.com.br

L&PM POCKET

Coleção **L&PM** POCKET, vol. 452

Texto de acordo com a nova ortografia.

Título do original: *The Marriage of Heaven and Hell*

Primeira edição na Coleção **L&PM** POCKET: junho de 2007
Esta reimpressão: agosto de 2022

Tradução: Alberto Marsicano
Revisão poética: John Milton
Capa: Ivan Pinheiro Machado. *Ilustração da capa*: *Christ as the Redeemer of Man*, por William Blake, 1808
Revisão: Larissa Roso

B636c

Blake, William, 1757-1827.
 O casamento do céu e do inferno e outros escritos / William Blake; tradução de Alberto Marsicano. – Porto Alegre: L&PM, 2022.
 144 p. ; 18 cm. – (Coleção L&PM POCKET; v. 452)

 Nota: Contém poemas bilíngues; inglês-português, da p.85-131.
 ISBN 978-85-254-1628-5

 1.Literatura inglesa-poesias. Literatura inglesa-provérbios. I.Título. II.Série.

CDU 821.111.1
821.1111-84

Catalogação elaborada por Izabel A. Merlo, CRB 10/329

© da tradução, L&PM Editores, 2005.

Todos os direitos desta edição reservados a L&PM Editores
Rua Comendador Coruja, 314, loja 9 – Floresta – 90.220-180
Porto Alegre – RS – Brasil / Fone: 51.3225.5777

PEDIDOS & DEPTO. COMERCIAL: vendas@lpm.com.br
FALE CONOSCO: info@lpm.com.br
www.lpm.com.br

Impresso no Brasil
Inverno de 2022

WILLIAM BLAKE
(1757-1827)

William Blake (1757-1827) é uma das grandes vozes da poesia inglesa do século XVIII. Além de escritor, foi também pintor, impressor e um dos mais importantes gravadores da história da Inglaterra. Nasceu em Londres, onde morou praticamente por toda a vida. Sua obra não pode ser dissociada de uma aura mística e religiosa. Aos quatro anos apareceram as primeiras manifestações espirituais, fato marcado pela visão que teve da presença de Deus na sua janela.

Aos dez anos foi enviado à escola de desenho e aos catorze tornou-se aprendiz do famoso gravador James Basire. Ainda na adolescência, começou a escrever poesia. Em 1782, se casou com Catherine Sophia Boucher e ensinou-lhe a ler e a escrever. O casal – que não teve filhos – trabalhou em conjunto na publicação dos poemas de Blake desde o lançamento da primeira coletânea, *Poetical Sketches*, de 1783. O poeta ilustrou textos próprios e de outros autores com suas detalhadas gravuras. Notabilizou-se pelos belíssimos desenhos para a *Divina comédia*, de Dante, nos quais trabalhou até os últimos dias de vida.

Sumário

Apresentação 9
Sobre a tradução 12

O CASAMENTO DO CÉU E DO INFERNO (1790) 13
O LIVRO DE URIZEN (1794) 43
AMÉRICA (1793) Fragmentos 69
MILTON (1804-1808) Fragmentos 75
JERUSALÉM (1804-1820) Fragmento 81
POEMAS (Bilíngue) 83

Cronologia 131
Os tradutores 133
Índice 135

Apresentação

O aprimoramento endireita os caminhos, mas as sendas rudes e tortuosas são as do Gênio.

William Blake

*Nas retroantes flamas
No fulcro das veias
Eclodem as transmissões*

Alberto Marsicano

William Blake nasceu em Londres, a 28 de novembro de 1757, filho de um comerciante. Seu pai, adepto do visionário Swedenborg, poupou-o da pedagogia oficial, incentivando a seguir seu próprio caminho e desenvolver seus dotes artísticos.

As primeiras manifestações de vidência surgiram no futuro poeta aos quatro anos, quando vislumbrou a face de Deus na janela e deu um grito. Mais tarde, ao passear pelos campos de Peckam, encontrou uma árvore repleta de anjos de asas iridescentes, e num descampado avistou Ezequiel calmamente sentado. Ao relatar estes fatos à mãe, acabou por levar uma surra.

Alheio às escolas leu Swedenborg, Jacob Boheme, Paracelso e livros de ocultismo, enquanto caminhava pelos campos e riachos de Bayswater e Surrey.

Resolveu tornar-se um pintor, mas os altos custos desta arte fizeram-no optar pela técnica da gravura.

Seu pai então levou-o ao atelier de Rylands, um dos mais renomados artistas da época, porém, ao fitar-lhe atentamente, Blake segredou ao pai: "Não gosto da cara deste homem, tem todo o jeito de quem vai morrer na forca". E doze anos depois cumpriu-se a sua profecia.

Passa a ler Spencer, os Elizabetanos, Locke, Bacon e Winnckelmann. Frequenta o estúdio de Basire, onde inicia-se na arte da gravura.

Aos vinte e um anos, mestre em sua arte, começa a viver como gravurista. Conhece Catherine Boucher, com quem se casa a 18 de agosto de 1782.

Em 1784, associa-se a James Parker e abre um atelier de impressão.

Imprimia seus livros como fazia suas gravuras. Os textos vinham sempre acompanhados de ilustrações e o autor fazia questão de diferenciar uma cópia da outra, tornando cada uma um exemplar único.

Do *Livro de Urizen*, existem seis reproduções que, embora possuindo o mesmo texto, diferem quanto à coloração e ilustrações.

Independente dos preconceituosos editores de sua época, gravava e imprimia livremente seu trabalho, através de minucioso domínio técnico da arte da gravura, da qual foi um revolucionário.

Em 1787, desenvolve um método totalmente novo de prensagem que, além de outras inovações, permitia utilizar todos os matizes de cor possíveis. Este insólito processo, denominado "Impressão iluminada", foi realizado inspirado numa visão do espectro de seu falecido irmão Robert, que revelou-lhe então o bizarro engenho.

Em 1800, deixa Londres e parte para Felphan, no condado de Sussex, onde passa a residir num *cottage*. Lá desenvolve o poema "Milton" e inicia uma série de gravuras encomendadas por William Hayley, com quem acabará por se incompatibilizar.

A Inglaterra entra em guerra com a França, e uma onda de patriotismo varre o país. O poeta envolve-se numa discussão com um soldado e é levado à corte sob a acusação de agressão e de proferir injúrias, sendo absolvido em 1804.

Após este desagradável incidente, retorna a Londres, onde decide entregar-se totalmente à arte, pois pensa ter aprendido com Hayley a maneira de enriquecer às custas do próprio trabalho. Porém, logo desilude-se e enfrenta uma de suas maiores crises financeiras.

A pedido do gravurista Gromek, ilustra *The Grave*, que, sob seus protestos, será gravado por Schiavonetti.

Por uma mísera quantia, o desonesto Gromek adquire os desenhos do poeta, feitos especialmente para os *Canterbury Tales*, de Chaucer, e os descreve (ou provavelmente os mostra) a Stothard, que criará suas gravuras inspirado nestas informações.

Os *Canterbury Tales*, de Stothard, são expostos com grande sucesso de público e crítica. Gromek então envia uma carta insultuosa a Blake.

A 19 de maio de 1809, o poeta expõe seus *Canterbury Tales* originais. Mostra que recebe um discreto número de pessoas e torna-se alvo de uma terrível crítica do periódico *The Examiner*.

Blake, sentindo-se desprezado e injustiçado, continua a escrever "Jerusalém" e modifica o título do poema "Vala" para "Os Quatro Zoas".

Em 1812, exibe seus trabalhos na Associação dos Aquarelistas e, entre graves problemas financeiros, sobrevive graças às ilustrações que faz para o catálogo das porcelanas Wedgwood.

O poema "Jerusalém", finalizado em 1812, é muito bem recebido nos meios culturais e, cercado pelos amigos e jovens artistas admiradores de sua obra, passa seus últimos anos, morrendo em 1827, quando iniciava a impressão de seu "Dante".

Sobre a tradução

Certa vez, sentado à beira do Tâmisa entre o espesso *fog* da madrugada londrina, um vulto cambaleante acercou-se de mim, entregou-me um livro e desapareceu por entre a bruma. Eram as *Obras completas de William Blake*. Mal sabia nesse mágico momento que no futuro verteria para o português os escritos do grande vate inglês.

Esta tradução, cujos poemas foram cuidadosamente revistos pelo especialista e virtuose John Milton, caracteriza-se antes de tudo pela extrema fidelidade e alta definição do significado poético, revelando o profundo sentido profético & filosófico que imanta os escritos de William Blake.

Alberto Marsicano

O CASAMENTO DO CÉU E DO INFERNO

(1790)

Escrito em 1790, *O casamento do céu e do inferno* é uma das obras centrais para a compreensão da obra do poeta. William Blake era vidente &, como Swedenborg, vislumbrava diretamente o mundo espiritual. Seu conhecimento não advém de preceitos ou codificações religiosas, mas da observação direta. Desta relação imantada advém o poder & o inquebrantável magnetismo avassalador de seus escritos. O profundo saber que Blake nos infunde através de seus poemas iluminados & pinturas surge de suas espantosas visões e conversas com Anjos & Demônios. Em *O casamento do céu e do inferno*, William Blake, com suas visões de iniciado druida (sua obra é sem sombra de dúvida vinculada à tradição céltica), descodifica & denuncia o engano das concepções religiosas correntes, que, em seu redutor sistema binário, insistem em opor Céu & Inferno.

A. M.

O Argumento

Rintrah ruge & vibra suas flamas no ar carregado;
Nuvens vorazes pairam sobre as profundezas.

Uma vez submetido e na senda perigosa,
O homem justo manteve seu curso através
Do vale da morte.
Há rosas onde crescem espinhos,
E na charneca estéril
Cantam as abelhas.

Foi então plantada a senda perigosa,
Um rio e um manancial
Sobre cada penhasco e tumba,
E sobre os ossos branqueados
A argila rubra emergiu;

Até que o vil deixou o suave caminho,
Para trilhar sendas perigosas e impeliu
O justo até as estéreis paragens.

Agora, a furtiva serpente desliza
Na dócil humildade
E o justo enfurece nos desertos
Onde vagam os leões.

Rintrah ruge & vibra suas flamas no ar carregado;
Nuvens vorazes pairam sobre as profundezas.

Trinta e três anos após o surgimento do novo céu, o Eterno Inferno ressurge. Mas veja! Swedenborg é o anjo sentado sobre a cripta: Seus escritos são as vestes de linho dobradas. É chegado o domínio de Edom & o retorno de Adão ao Paraíso. Ver Isaías capítulos XXXIV e XXXV.

Sem Contrários não há evolução. Atração e Repulsão, Razão e Energia, Amor e Ódio são necessários à existência Humana.

Destes contrários nasce aquilo que o religioso denomina Bem & Mal. O Bem é o passivo que obedece a Razão. O Mal é o ativo que surge da Energia.

Bem é Céu. Mal é Inferno.

•

A Voz do Demônio

Todas as Bíblias ou códigos sagrados têm sido a causa dos seguintes erros:

1. Que o Homem possui dois princípios reais de existência: um Corpo & uma Alma.

2. Que a energia, denominada Mal, provém unicamente do Corpo; E a razão, denominada Bem, deriva tão somente da Alma.

3. Que Deus atormentará o Homem pela Eternidade por haver imantado suas Energias.

Mas, por outro lado, são verdadeiros os seguintes Contrários:

1. O Homem não tem um Corpo distinto da Alma, pois aquilo que denominamos Corpo não passa de uma parte de Alma discernida pelos cinco sentidos, seus principais umbrais nestes tempos.

2. Energia é a única força vital e emana do Corpo. A Razão é a fronteira ou o perímetro circunfeérico da Energia.

3. Energia é Eterna Delícia.

•

Aqueles que reprimem o desejo podem fazê-lo quando este é fraco e passível de ser refreado; e quem o reprime, ou Razão, usurpa seu lugar & governa os relutantes.

Uma vez reprimido, ele se torna cada vez mais passivo até não ser mais que mera sombra do desejo.

Esta história se encontra escrita no Paraíso Perdido & o Governador ou Razão chama-se Messias.

E o Arcanjo Primeiro, mentor das hordas celestiais, se chama Demônio ou Satã. Seus filhos chamam-se Pecado & Morte.

Mas no Livro de Jó, o Messias de Milton é denominado Satã.

Pois esta história tem sido adotada por ambos os lados.

Na verdade, a Razão acabou achando que o Desejo fora expulso. Mas a versão do Diabo pontifica que o Messias caiu e engendrou um Paraíso com o que roubou do Abismo.

Isto é revelado no Evangelho, onde ele roga ao Pai que envie o Consolador ou Desejo, de forma com que a Razão tenha Ideias nas quais se fundamentar. O Jeová Bíblico não é senão aquele que habita o fogo flamejante.

Sabeis que após sua morte, Cristo tornou-se Jeová. Mas em Milton, o Pai é o Destino, o Filho é o Racionalismo dos cinco sentidos & o Espírito Santo é o Vazio!

●

Uma Visão Memorável

Enquanto errante cruzava as flamas do Inferno, deliciando-me com as volúpias do Gênio, que aos anjos transfiguram-se como Tormento e Loucura, recolhi alguns dos seus Provérbios, considerando que, assim como as máximas de um povo exprimem o seu verdadeiro caráter, então os Provérbios do Inferno indicariam decerto a Sabedoria dos Vértices Abissais melhor do que qualquer outra descrição de Edificações ou Vestes.

Ao voltar ao lar, sobre o abismo dos cinco sentidos onde um precipício de escorregadias escarpas franze seu cenho a este mundo atual, vislumbrei um poderoso Demônio em negras nuvens envolto pairando sobre os flancos dos penhascos, e com fogos corroentes gravava a seguinte frase, agora captada pelas mentes dos homens, e por eles à Terra revelada:

"Como sabeis que cada Pássaro que irrompe a ventania não abarca um imenso universo de delícias, imerso em vossos cinco sentidos?"

●

Provérbios do Inferno

No tempo de semear, aprende; na colheita, ensina, e no inverno, goza.

•

Conduz teu carro e teu arado sobre os ossos dos mortos.

•

O caminho do excesso leva ao palácio da sabedoria.

•

A Prudência é uma velha solteirona, rica e feia, cortejada pela Incapacidade.

•

Aquele que deseja e não age engendra a peste.

•

O verme perdoa o arado que o parte.

•

Imerge nas correntes o que delicia-se com as águas.

•

O tolo não vê a mesma árvore que o sábio.

•

A Eternidade vive enamorada dos frutos do tempo.

•

A abelha laboriosa não tem tempo para pesares.

•

As horas da tolice são medidas por ponteiros, mas as da sabedoria, não há relógio que as meça.

•

Todo alimento saudável se colhe sem redes ou ardis.

•

Muni-vos de números, pesos & medidas em ano de estio.

•

Nenhum pássaro perfura as alturas se o faz com suas próprias asas.

•

Um morto não revida injúrias.

•

Se o louco persistisse em sua loucura, tornar-se-ia sábio.

•

Tolice, manto da sordidez.

•

Vergonha, manto do orgulho.

•

As masmorras são erguidas com as pedras da Lei; os bordéis, com os tijolos da Religião.

•

A altivez do pavão é a glória de Deus.

•

A lascívia do bode é a dádiva de Deus.

•

A fúria do leão é a sabedoria de Deus.

•

A nudez da mulher é a obra de Deus.

•

O excesso de pranto ri. O excesso de riso chora.

•

O rugir dos leões, o uivo dos lobos, a fúria do mar revolto e a espada devastadora são porções de eternidade demasiado grandes para olho humano.

•

A raposa culpa a armadilha, jamais a si mesma.

•

O gozo fecunda. A tristeza dá a luz.

•

Vista o homem a pele do leão. E a mulher, o velo do carneiro.

•

A ave, um ninho; a aranha, uma teia; o homem, a amizade.

•

O tolo sorridente e egoísta e o tolo sisudo e obstinado serão ambos tidos como sábios para servirem de azougue.

•

O que hoje é evidência foi outrora imaginação.

•

O rato, o camundongo, a raposa e o coelho espreitam as raízes; o leão, o tigre, o cavalo e o elefante espreitam os frutos.

•

A cisterna contém, a fonte transborda.

•

Um pensamento abarca a imensidão.

•

Estejas sempre pronto a dar tua opinião, e os vis te evitarão.

•

Tudo o que é passível de crença é uma imagem da verdade.

•

Nunca a águia perdeu tanto tempo, como quando quis aprender com o corvo.

•

A raposa a si mesma supre, mas Deus supre o leão.

•

Meditai pela manhã, agi ao meio-dia, comei ao entardecer, dormi à noite.

•

Quem sofreu o teu domínio te conhece.

•

Os tigres da ira sabem mais que os cavalos da instrução.

•

Espere veneno da água estagnada.

•

Jamais saberás o que é bastante, se não souberes o que é mais que bastante.

•

Escuta as críticas dos imbecis. É um nobre elogio.

•

Os olhos, de fogo; as narinas, de ar; a boca, de água; e a barba, de terra.

•

O fraco em coragem é forte em astúcia.

•

A macieira jamais indaga à faia como crescer, nem o leão ao cavalo como agarrar sua presa.

•

Seríamos tolos, se outros já não o fossem.

•

A alma imersa em delícias jamais será maculada.

•

Ergue a cabeça ao avistares uma águia. Estarás vendo uma porção do Gênio.

•

Assim como a lagarta escolhe as melhores folhas para depositar seus ovos, o sacerdote arroja suas maldições sobre as mais sublimes alegrias.

•

Fazer uma pequena flor é um trabalho de eras.

•

Maldição revigora. Bênção relaxa.

•

O melhor vinho é o mais velho; a melhor água, a mais nova.

•

Como o ar ao pássaro, e o mar ao peixe, o desprezo ao desprezível.

•

Quisera o corvo que tudo fosse negro. E puro alvor a coruja.

•

Exuberância é beleza.

•

Se o leão seguisse os conselhos da raposa, seria astuto.

•

O aprimoramento endireita os caminhos, mas as sendas rudes e tortuosas são as do Gênio.

•

Quem não irradia luz jamais será uma estrela.

•

Como o arado segue seu comando, Deus recompensa o rezador.

•

Teu ato mais sublime é colocar outro em sua frente.

•

Preces não aram, louvores não colhem.

•

Cabeça, o Sublime; Coração, o Pathos; Genitais, a Beleza; Mãos & Pés, a Proporção.

•

Alegrias não riem. Tristezas não choram.

•

Antes que nutra desejos irrealizáveis, é melhor matar a criança no berço.

•

Quem grato recebe, abundante colheita obtém.

•

Onde não está o homem, é estéril a natureza.

•

A verdade jamais pode ser proferida de modo que seja compreendida e não acreditada.

•

Suficiente! Ou Demais.

Os poetas da Antiguidade animaram todos os objetos sensíveis com Deuses ou Gênios, nomeando-os e adornando-os com as propriedades dos bosques, lagos, cidades, nações e tudo o que seus dilatados sentidos podiam perceber.

Particularmente, estudaram o Gênio de cada cidade & país, colocando-o sob a égide de sua deidade mental.

Até que se formou um sistema, do qual alguns se aproveitaram e escravizaram o vulgo, interpretando e abstraindo as deidades mentais de seus respectivos objetos. Então surgiu o Clero;

Elegendo formas de culto dos mitos poéticos.

E proclamando, por fim, que assim haviam ordenado os Deuses.

Os homens então esqueceram que Todas as deidades residem em seus corações.

•

Uma Visão Memorável

Os profetas Isaías e Ezequiel jantavam comigo. Perguntei-lhes como se atreviam a afirmar que Deus falava com eles; e se não achavam que isto os tornava incompreendidos & passíveis de perseguição.

Isaías respondeu: "Jamais pude ver ou ouvir Deus dentro de uma percepção orgânica e finita; Meus sentidos descobriram o infinito em cada coisa, e como desde então estivesse convicto & recebesse o sinal que a voz da indignação sincera é a voz de Deus, alheio às consequências escrevi."

Então perguntei: – "A firme convicção de que uma coisa é, assim pode torná-la?"

Ele respondeu: – "Todos os poetas têm a certeza disto & em épocas de imaginação esta fé inquebrantável moveu montanhas. No entanto, poucos conseguem ter essa firme convicção de qualquer coisa."

Ezequiel retrucou: "A filosofia do Oriente ensinou os princípios básicos da percepção humana. Algumas nações adotaram um princípio para a origem. Outras criaram versões distintas para explicá-la. Nós, de Israel, ensinamos que o Gênio Poético (como agora o denominam) foi o princípio básico e os demais não passam de meras derivações. Esta é a razão de nosso desprezo pelos Filósofos & Sacerdotes de outros países. Profetizamos, e disto não resta dúvida, que todos os Deuses são originários do nosso & tributários do Gênio Poético. Foi precisamente isto que nosso grande poeta, o Rei Davi, desejava mais fervorosamente & evocou de forma tão enternecedora, exprimindo que é assim que triunfa-se sobre os inimigos e governa-se os reinos. Tanto amamos nosso Deus que em seu nome desdenhamos todas as deidades das nações vizinhas, afirmando que elas haviam se rebelado: Daí advém que o vulgo acabasse por acreditar que todas as nações seriam submetidas pelos judeus."

"Isto" disse ele, "como todas as firmes convicções, está prestes a se realizar já que todas as nações acreditam no código judaico e veneram o Deus dos judeus. Que maior sujeição poderia haver?"

Ouvi assombrado & não pude deixar de confessar minha própria convicção. Terminado o jantar, pedi a Isaías que regalasse o mundo revelando suas obras perdidas. Ele respondeu que nenhuma obra de valor se perdera. Das suas obras, Ezequiel afirmou o mesmo.

Também perguntei a Isaías o que levara-lhe a vagar desnudo por três anos. Ele respondeu: – "O mesmo que impeliu nosso amigo Diógenes o Grego."

Perguntei então a Ezequiel por que deglutira esterco & permanecera por tanto tempo deitado de lado direito & esquerdo. Ele respondeu: – "Para elevar os homens à percepção do infinito. As tribos norte-americanas também utilizam esta prática & poder-se-ia dizer honesto aquele que, resistindo a seu gênio ou consciência, os troca pelo bem-estar e a satisfação imediata?"

A antiga crença de que o mundo será consumido pelo fogo ao cabo de seis mil anos é real, como revelaram-me nas profundezas do Inferno.

Pois foi ordenado ao Querubim com a espada de fogo que abandonasse a guarda da Árvore da Vida e quando isso ocorrer, toda criação será consumida e vislumbrar-se-á infinita e purificada, pois agora apresenta-se finita & corrompida.

E isto ocorrerá mediante a sofisticação do prazer sensual.

Mas antes de tudo, a noção de que o homem tem um corpo distinto de sua alma será abolida. Isto conseguirei através do método infernal, cujos ácidos corrosivos, que no Inferno são saudáveis & terapêuticos, ao dissolver as superfícies visíveis, revelam o Infinito antes oculto.

Se as portas da percepção se desvelassem, cada coisa apareceria ao homem como é, infinita.

Pois o homem se enclausurou a tal ponto que apenas consegue enxergar através das estreitas frestas de sua gruta.

Uma Visão Memorável

Estava numa Casa de Impressão no Inferno & vi o método pelo qual o conhecimento é transmitido geração pós geração.

Na primeira câmara havia um Homem-Dragão que varria o entulho da boca de uma caverna. Inúmeros Dragões escavavam seu interior.

Nas segunda câmara havia uma Víbora enroscada na rocha & na caverna. Outras adornavam-na com ouro, prata e pedras preciosas.

Na terceira câmara uma Águia de asas e plumas eóleas tornava infinito o interior da caverna. Em torno havia vários Homens-Águia que edificavam palácios nos enormes penhascos.

Na quarta câmara Leões de flamas ardentes rondavam furiosos e fundiam metais até torná-los fluidos vivos.

Na quinta câmara, formas sem Nome arrojavam os metais ao espaço.

Lá eram recebidos pelos Homens da sexta câmara. Tomavam a forma de livros & dispunham-se em bibliotecas.

Os Gigantes que deram existência sensível a este mundo e agora parecem viver a ele acorrentados são na verdade causa de sua vida e fonte de toda atividade; mas os grilhões são a astúcia das mentes fracas e subjugadas que têm poder suficiente para resistir à energia. Diz o provérbio: O fraco em coragem é forte em astúcia.

Assim, o Prolífico é uma porção de ser; outra é o Devorador. O Devorador pensa ver o Prolífico acorrentado, mas isto não ocorre; apenas toma porções de existência iludindo-se que são o todo.

Entretanto, o Prolífico deixaria de ser Prolífico somente se o Devorador como um mar recebesse o excesso de seu gozo.

Alguns poderiam dizer; não seria Deus o único Prolífico? Respondo: Deus apenas Age & É nos seres existentes ou Homens.

Essas duas classes de homens sempre encontraram-se na terra e serão inimigos; quem tenta reconciliá-los busca a aniquilação da existência.

A Religião é uma tentativa de reconciliá-los.

Nota: Jesus Cristo não quis uni-los, mas separá-los, como na parábola dos carneiros e dos bodes! Ele disse: "Não vim para trazer a Paz mas a Espada"

Messias ou Satã ou o Tentador foi primeiramente considerado como um dos antidiluvianos que constituem nossas Energias.

Uma Visão Memorável

Um Anjo veio a mim e disse: "Ó jovem tolo, digno de pena! Ó Desprezível! Seu estado é lastimável! Refletes na masmorra de fogos ardentes que tu mesmo erguestes na eternidade, para qual diretamente caminhas."

Respondi-lhe: "Talvez estejas disposto a mostrar minha eterna morada & juntos a contemplaremos e veremos qual é a mais aprazível, a minha ou a tua".

Então ele conduziu-me por um estábulo & uma igreja e descemos à sua cripta que dava para um moinho. Passamos por ele e chegamos a uma caverna. Através de um intrincado caminho, penetramos suas escuras e tortuosas entranhas, até que um vão sem limites, algo como um céu abissal, surgiu a nossos pés & segurando pelas raízes das árvores pairamos sobre a imensidão. Disse: "Caso te apeteças, mergulharemos neste vazio e assim veremos se aqui também se encontra a Providência. Caso não quiseres eu o farei." Ele retrucou: "Não te atrevas; Ó jovem! Enquanto aqui permanecemos, contempla tua eterna morada que logo verás ao dissiparem-se as trevas".

Assim fiquei junto a ele sentado nas raízes de um grande carvalho. O Anjo ficava suspenso num cogumelo cujo gigantesco chapéu pendia voltado às profundezas.

Pouco a pouco contemplamos o Abismo infinito, ardente como a fumaça de uma cidade em chamas; Abaixo de nós, vislumbrava-se a longa distância o sol, negro mas brilhante. A seu redor, imensas aranhas se arrastavam por caminhos flamejantes na direção de suas presas que voavam, ou mais precisamente, nadavam nas infindas profundezas com formas bizarras de animais nascidos da corrupção & o ar estava repleto deles; & dos quais parecia ser composto. São eles os Demônios chamados Poderes do ar. Perguntei a meu amigo qual seria minha eterna morada e ele seco respondeu: "Entre aranhas brancas & negras".

Mas neste momento, entre as aranhas brancas & negras, nuvem e fogo eclodiram e rodopiaram através das profundezas, obscurecendo tudo que se via abaixo, de forma que o inferno tornou-se tão negro como o mar & agitou-se com terrível estrondo. Abaixo nada se notava a não ser uma negra tormenta; Olhamos para o leste onde vislumbramos, entre nuvens e ondas, uma catarata de fogo & sangue. Não muito longe, divisamos as escamas de uma serpente monstruosa que emergiu e de novo afundou. Por fim ao Leste, a uns três graus de distância, surgiu uma crosta flamejante sobre as ondas, erguendo-se lentamente como um grande recife de rochas douradas. Entrevemos dois globos de fogo carmesins que o mar expelia em colunas de fumaça. Percebemos então que tratava-se da cabeça de Leviatã. Sua fronte rajava-se em listras verdes & púrpuras como a fronte do tigre. Neste instante pudemos vislumbrar sua boca & suas rubras guelras, que, suspensas sobre a furiosa espuma, tingiam as negras profundezas com raios de sangue, e avançava sobre nós com todo o ímpeto de uma existência espiritual.

Meu amigo, o Anjo, ascendeu de seu lugar até o moinho. Fiquei só. A visão desvaneceu, encontrando-me agora sentado nas aprazíveis margens de um riacho ao clarão da lua. Escutava o som encantador de um harpista, que tangendo as cordas cantava: "O homem que jamais muda sua opinião é como água estagnada & engendra os répteis da mente".

Alcei voo e saí em busca do moinho & ali reencontrei meu Anjo que surpreso perguntou-me como escapara.

Respondi: "Tudo que vislumbramos deve-se à tua metafísica pois quando partistes encontrei-me na margem de um rio ao clarão da lua ouvindo um harpista. Mas agora que já vislumbramos minha eterna morada, poderia eu contemplar a sua?" Ele riu ante minha proposta, mas subitamente envolvi-o em meus braços & voamos através da noite ao Oeste, até ascendermos sobre a sombra da terra. Com ele lancei-me direto ao corpo do sol onde vesti-me de branco & empunhando as obras de Swedenborg, abandonei essa região gloriosa. Deixando para trás os outros planetas, cheguei a Saturno. Ali repousei & deste lugar lancei-me ao vazio entre Saturno & as estrelas fixas.

"Eis o lugar", exclamei; "neste espaço – se assim o podemos chamar". Em seguida vimos novamente o estábulo & a igreja. Levei-o até o altar e abri-lhe a Bíblia. Mas veja! Era um poço profundo e descemos. O Anjo caminhava a minha frente e logo encontramos sete casas de tijolos. Entramos numa delas: Havia inúmeros macacos, babuínos & de todas as espécies, acorrentados pela cintura e com faces contorcidas, agarravam-se uns aos outros, tolhidos por seus curtos grilhões. Parecia que, em certos momentos, tornavam-se mais numerosos e os mais fortes pegavam os mais fracos para depois devorá-los. Arrancavam um membro após outro até restar apenas um miserável tronco que após arreganharem os dentes e darem-lhe alguns beijos de aparente afeto, era também devorado. Vi até um deles degustando a carne da própria cauda. O cheiro era insuportável. Retornamos ao moinho & levava em minha mão a estrutura de um corpo que ali tornou-se a Analítica de Aristóteles.

Então o Anjo falou: "Impuseste-me tua fantasia, deverias envergonhar-te".

Respondi-lhe: "Impusemo-nos um ao outro & é perda de tempo discutir contigo pois teus trabalhos não passam de Analíticos".

●

Oposição é verdadeira Amizade.

●

Sempre achei que os Anjos têm a veleidade de falar de si próprios como se fossem os únicos sábios; Fazem-no com aquela arrogante insolência que surge do raciocínio sistemático.

Do mesmo modo, Swedenborg orgulha-se de que tudo que escreve é novo, mas na verdade, suas obras não passam de um Índice ou Sumário de livros já publicados.

Um homem levava consigo um macaco & porque sabia um pouco mais que ele, sua presunção chegou a tal ponto que acabou por julgar-se mais sábio que sete homens. Algo similar ocorre com Swedenborg; Aponta a tolice das Igrejas & desmascara os hipócritas, até imaginar que todos os religiosos o são & apenas ele na terra possui o poder de desarticular essa rede.

Mas notem um argumento cabal: Swedenborg jamais escreveu uma nova verdade. Rescreveu apenas velhas falsidades.

E qual seria a razão disto? Ele conversava com Anjos, que são todos religiosos, & jamais com Demônios – que detestam a religião – pois seu preconceito o impediu.

Desta maneira, podemos encarar suas obras como meras recopilações de opiniões superficiais e uma análise apurada do sublime – nada além disso.

Aqui aponto outro forte argumento: Qualquer pessoa habilidosa poderá, a partir das obras de Paracelso ou Jacob Boheme, escrever mil volumes de valor idêntico aos de Swedenborg. E a partir das de Dante ou Shakespeare, um número infinito deles.

Mas quando o fizer, espero que não atreva-se a dizer que sabe mais que seu mestre, pois estará apenas empunhando uma vela sob o sol.

Uma Visão Memorável

Certa vez vislumbrei um Demônio numa flama de fogo que, alçando-se ante um Anjo sentado numa nuvem, proferiu as seguintes palavras:

"O culto de Deus consiste em honrar seus dons nos outros homens, cada um segundo seu gênio e amar com mais intensidade os homens poderosos: Aqueles que invejam ou caluniam os poderosos têm ódio de Deus; Pois não há outro Deus senão eles."

O Anjo, ao ouvir estas palavras, ficou quase azul. Depois, contendo-se, tornou-se amarelo e finalmente róseo & branco. Então disse-lhe sorrindo:

"Idólatra! Acaso Deus não é uno? & Não é ele visível em Jesus Cristo? E Jesus Cristo não teria sancionado as leis dos dez mandamentos? E não seriam os demais homens tolos, pecadores & nulidades?"

O Demônio retrucou: "Moas um tolo num moinho com trigo e mesmo assim a tolice dele não separar-se-á. Se Jesus é o maior dos homens, deverias amá-lo com a maior veneração. Agora, ouve de que forma ele sancionou os dez mandamentos: Não teria ele zombado do Sabbath, do Sabbath de Deus? Não teria ele matado aqueles que por ele morreram? Não teria ele ficado alheio à lei da mulher adúltera? Não teria ele roubado o labor alheio para sustentar-se? Não teria ele dado falso testemunho ao recusar defender-se ante Pilatos? Não teria ele cobiçado ao orar por seus discípulos e quando pediu-lhes que sacudissem o pó de seus pés ante os que lhes recusavam abrigo? Por isso afirmo: Não existe virtude possível que não possa romper as leis desses dez mandamentos. Jesus era totalmente virtuoso mas agia por impulsos e não por regras.

Ao terminar seu discurso, contemplei o Anjo que estendia seus braços, abraçando a flama de fogo & assim foi consumido e se alçou como Elias.

Nota: Este Anjo tornado agora Demônio é meu amigo do peito. Frequentemente, lemos juntos a Bíblia em seu sentido infernal ou diabólico, que o mundo há de ter, se trilhar o caminho correto.

Também possuo A Bíblia do Inferno, que o mundo terá quer queira, quer não.

●

A mesma lei para o Boi & o Leão é Opressão.

Uma canção de liberdade

1. A Eterna Fêmea gemeu! Foi ouvida por toda a Terra.

2. A costa de Albion está doente e silente; Desfalecem os prados americanos.

3. As sombras da Profecia estremecem ao longo dos lagos e rios, murmurando pelo oceano; França arrasa tua masmorra!

4. Espanha dourada, derruba as barreiras da velha Roma!

5. Arroja tuas chaves, Ó Roma, para que precipitem-se ao abismo, mesmo que sucumbam para Eternidade.

6. E chora.

7. Ela lamentando, tomou o terror recém-nascido em suas trêmulas mãos.

8. Naquelas infinitas montanhas de luz, cercadas agora pelo Oceano Atlântico, o fogo recém-nascido ergueu-se diante o Rei estrelar!

9. Envolvidas pelas neves gris dos cumes e rostos tonitruantes, as asas enciumadas tremularam sobre o abismo.

10. A mão em forma de lança flamejou no ar, solto estava o escudo; Em frente seguiu a mão do ciúme entre a cabeleira flamejante, arrojando a maravilha recém-nascida na noite constelada.

11. O fogo, o fogo precipita-se!

12. Alerta! Alerta! Oh cidadão de Londres, ilumina teu semblante! Oh judeu, para de contar o ouro! Retorna a teu azeite e vinho. Oh Africano! Negro Africano (Vai alado pensamento, amplie tua fronte.)

13. Os ígneos membros, a flamejante cabeleira arrojaram-se qual o sol poente no mar ocidental.

14. Desperto de seu eterno sono, o ancestral elemento retroante escapou.

15. Precipitou-se batendo em vão as asas, o rei ciumento; seus conselheiros de graves semblantes, tonitruantes guerreiros, veteranos recurvados, entre elmos, escudos e carruagens, cavalos, elefantes, estandartes, castelos, fundas e pedras.

16. Caindo, precipitando-se, arruinado! Em ruínas sepultos, nos refúgios de Urtona;

17. Toda noite entre as ruínas; então, suas lúgubres flamas esmaecidas emergem em torno ao taciturno rei.

18. Com trovão e fogo, conduzindo suas hostes estrelares pelo devastado deserto, ele promulga seus

dez mandamentos, erguendo suas pálpebras brilhantes sobre o abismo em profunda e soturna consternação.

19. Onde o filho do fogo em sua nuvem oriental, enquanto a manhã orna com plumas seu dourado peito,

20. Desdenhando as nuvens inscritas com maldições, grafa a pétrea lei no solo, libertando os eternos cavalos dos refúgios da noite, gritando:

O império caiu! E agora terão fim o leão & o lobo!

CORO

Que os Sacerdotes do Corvo da aurora, não mais em negro mortal, maldigam com sua rouca voz os filhos da alegria. Nem que seus aceitos irmãos – a quem, enquanto tirano, denomina livres – fixem parâmetros ou construam telhados. Ou que a pálida luxúria religiosa chame aquela virgindade que deseja mas não age!

Pois tudo que vive é Sagrado!

O LIVRO DE URIZEN

(1794)

Urizen simboliza o profundo engano que, segundo Blake, reside essencialmente no dualismo, na completa incompreensão da eterna unidade dos contrários.

Este desconhecimento manifesta-se principalmente no desgarramento humano das forças vitais e na separação estabelecida entre o homem e o cosmos.

O *Livro de Urizen* descreve este antagonismo fundamental, surgido entre Urizen e os Eternos, que representam o fluxo universal, as forças cósmicas da natureza.

Provavelmente, a palavra Urizen deriva de "Our Reason" (Nossa Razão) ou do termo grego "οριζευ", que significa limitado. Urizen simboliza o pensamento racionalista que, com seus encadeamentos lógicos, "Enclausura o Firmamento" e através de sua lúgubre "Rede da Religião" atrofiará os sentidos da humanidade.

Blake, Cicerone do Abismo e dos Vértices Siderais, nos conduz aos errantes Firmamentos da Poesia & da Vidência, recuperando os amplos Espaços que se estendem através dos Portais da Percepção, pois a arte, como profetizou Antonin Artaud, "não é a reflexão da vida, mas a vida é a reflexão de um princípio transcendente com o qual a arte nos volta a pôr em contato". A linguagem poderosa e abissal de *O Livro de Urizen* influenciaria de forma marcante o "Vênus Anadiómena" de Arthur Rimbaud, outro grande poeta-vidente.

A.M.

Prelúdio

Do poder assumido pelo primordial Sacerdote
Quando os Eternos denegriram sua religião
Relegando-lhe um lugar ao norte,
Obscuro, sombrio, ermo e solitário.

Eternos! Alegre escuto vosso chamado
Dizei palavras de velozes asas & não temeis
Revelar vossas sombrias visões de tormento.

Capítulo I

1. Olhe! Voraz a treva irrompe
   Terrível sobre a Eternidade!
   Estranha, estéril, escura & execrável;
   Que Demônio teria engendrado este ermo,
   Este vácuo que arrepia as almas?
   Alguns responderam:
   "É Urizen", arredio e retirado,
   Secretamente tramando o tenebroso poder.

2. Os tempos dividiu & mensurou
   Espaço por espaço em suas sombrias trevas,
   Oculto e invisível; surgiram as mutações
   Qual montanhas furiosamente fustigadas
   Pelas negras rajadas da perturbação.

3. Pois lutara em sangrentas batalhas,
   Sinistros conflitos com formas
   Surgidas de seu desolado deserto
   De animal, ave, peixe, serpente & elemento,
   Combustão, explosão, vapor e nuvem.

4. Sombrio, rodopiava em silente labor:
   Oculto nos tormentos das paixões;
   Uma ação desconhecida e assustadora,
   Uma sombra que se autocontempla
   Empenhada num feérico esforço.

5. Os Eternos vislumbraram suas vastas florestas;
   Era após era permaneceu só e desconhecido,
   Meditando cativo do abismo; Todos evitam
   O caos pétreo e infindável.

6. E o Sinistro Urizen, em silêncio
   Seus pérfidos horrores engendrou.
   Seus dez milhões de trovões
   Disseminam-se em assustadoras formações
   Através do tenebroso mundo & o ruído das rodas
   Como furiosos mares ressoa nas nuvens,
   Nas alvas colinas e nas montanhas
   De granizo & gelo: Vozes de terror
   reverberam tal trovões de outono.
   Enquanto as nuvens se inflamam sobre a ceifa.

Capítulo II

1. A terra não existia nem as esferas de atração.
   A vontade do criador expandiu
   Ou contraiu seus elásticos sentidos.
   Não havia morte; emanava a vida eterna.

2. O troar da trombeta despertou os céus
   E as vastas nuvens de sangue rondaram
   Os sombrios penhascos de Urizen. O assim chamado
   Aquele eremita na Imensidão.

3. Estride o som da trombeta; & miríades da Eternidade
   Engendram-se ao redor dos desolados desertos
   Repletos de nuvens, trevas & torrentes
   Que turvas turbulentas escorrem & declamam
   Palavras que como trovões retroam
   Sobre os cimos das altas cordilheiras.

4. Das profundezas da sombria solidão,
   Eterna morada de minha beatitude,
   Retirado em austeras meditações,
   reservadas para os dias vindouros,
   Procurei o júbilo indolor,
   O sólido não flutuante.
   Por que pereceis, Ó Eternos!
   Por que viveis entre as inextinguíveis flamas?

5. Primeiro lutei com o fogo. Consumia

Minhas entranhas num mundo insondável
Imenso vazio, escuro, extenso & profundo
Onde nada se encontrava: Útero da Natureza;
No prumo, estendia-me ereto sobre o ermo
Solitário e impiedoso imobilizava os ventos;
Inclementes; Os condensando em torrentes,
Eles se precipitavam. Impiedoso rechacei
As grandes ondas e erigi sobre as águas
A pétrea obstrução de um vasto Universo.

6. Solitário, aqui registro em livros de metal
   Os segredos da sabedoria,
   Os segredos da velada contemplação.
   E os combates em terríveis conflitos
   Contra os monstros gerados pelo pecado,
   Que residem no peito de todos,
   Os sete pecados capitais mortais da alma.

7. Olhe! Desvelo minha treva e sobre
   Esta pedra deposito firmemente o Livro
   De eterno bronze escrito em minha solidão:

8. "Leis de paz, afeto e unidade,
   Piedade, compaixão e perdão.
   Deixai que cada qual escolha sua morada,
   Seu palácio infinito e ancestral,
   Só uma ordem, um júbilo, um desejo
   Uma maldição, um peso, uma medida,
   Um Rei, um Deus e uma Lei."

Capítulo III

1. Emudeceu a voz; seu lívido rosto surgiu
   Emergindo das trevas, e sua mão
   Sobre a rocha da eternidade abriu
   O Livro de Bronze; A ira apoderou-se dos fortes.

2. Ira, fúria, intensa indignação;
   Em cataratas de fogo, sangue & fel,
   Turbilhões de brumas sulfurosas,
   Entre colossais formas de energia,
   Os sete pecados surgiram como seres vivos
   Entre as flamas da eterna fúria.

3. Tremia, Trovejava, Escurecia!
   Estilhaçada entre terríveis estrondos,
   A Eternidade fragmentava-se em grandes flocos,
   As montanhas por todos os lados
   Despencavam, despencavam,
   Deixando para trás ruínas, fragmentos de vida
   Rochedos arredios e circundados
   Por um Oceano de um vazio insondável.

4. Retroantes flamas cruzavam os céus
   Em redemoinhos & cataratas de sangue
   Abatendo-se através do vazio,
   Sobre os sombrios ermos de Urizen,
   E fulminando feericamente suas hordas.

5. Mas estes fogos não refulgiam e só havia trevas
   Nas flamas da Eterna fúria.

6. Na cruel angústia e rodeado pelas flamas
   Corria em direção às rochas, tomado de cólera
   Para ocultar-se, mas em vão:
   Ergueu montanhas & colinas com intenso vigor
   E num incessante labor as amontoou,
   Torturado, gritava numa indizível loucura
   Através das eras entre flamas horripilantes;
   Até que grisalho e vencido pelos anos
   Tombou desesperado entre as sombras da morte.

7. Uma gigantesca abóbada engendrou,
   Pétrea e esférica como um útero
   Onde milhares de rios em veias
   Escorriam pelas colinas a amainar
   As eternas flamas que fustigam
   Os Eternos; E como um negro globo
   Espreitado pelos filhos da Eternidade
   Nas costas de um infindável oceano,
   Palpitante e agitado como um coração,
   Eclodiu o imenso mundo de Urizen.

8. E Los, rondando a sombria esfera de Urizen,
   Resguardou aquilo que os Eternos mais confinaram:
   A escura separação;
   Pois a Eternidade permanecia desgarrada
   Assim como as estrelas estão desgarradas da terra.

9. Em prantos Los bradou ao negro Demônio
   Maldizendo sua sina; pois em meio à agonia
   Urizen foi arrebatado de seu eterno trono,
   Tendo como apoio um insondável vazio,
   E os intensos fogos como morada.

10. Mas Urizen jazia num pétreo sono
    Caótico, deslocado da Eternidade.

11. Os Eternos então gritaram: "O que é isto? Morte."
    "Urizen não passa de um torrão de barro."

12. E Los, imerso num estático estupor,
    Gemia rangendo os dentes,
    para que a ferida cicatrizasse.

13. Mas a ferida de Urizen não cicatrizou.
    Gélido, informe, argila ou carne,
    Sofrendo horríveis transformações
    Jazia numa noite sem sonhos.

14. Até que Los aterrorizado reatou os fogos
    Ante a morte informe e imensurável.

Capítulo IV

1. Los, assombrado,
   Surpreendia-se com o estalar dos ossos

2. E com a onda sulfurosa
   Rebelde, Imortal, louca furiosa,

3. Que em turbilhões de salitre e breu
   Seus feéricos membros rondava.

4. Teceu redes, armou ardis,
   As arrojou em seu redor.

5. Observou trêmulo de pavor
   As sinistras mutações
   Imobilizando cada transformação
   Com crivos de ferro e latão;

6. E estas foram as metamorfoses de Urizen.

Capítulo IV. a

1. Eras e eras e eras se passaram
   Sobre seu pétreo sono,
   Como um caos obscuro e mutável,
   Estraçalhado por terremotos, vomitando
                             [ardentes flamas:
   Eras e eras se passaram entre terríveis
   Tormentos; a seu redor em redemoinhos
   De trevas, uivava o Eterno Profeta,
   Martelando tenazmente seus férreos crivos,
   Derramando suores de ferro; repartia
   A noite horrível em vigílias.

2. E Urizen (Este é o seu eterno nome)
   Mais e mais velou o seu prolífico deleite,
   Num escuro segredo, Ocultando suas fantasias
   Nos sulfurosos vapores.
   O Eterno Profeta então inflou seus negros foles
   E trabalhando com tenazes e martelos
   Forjou novas & novas cadeias,
   Numerando com elos as Horas, Dias & Anos.

3. Cativo, o espírito Eterno engendrou
   Redemoinhos incessantes de ira,
   E a espuma sulfurosa, espessa e escura
   Condensou-se num lago claro & cristalino,
   Alvo como as neves dos gélidos cimos.

4. Esquecimento, Necessidade, Silêncio!
   Encarcerados nas masmorras do espírito,
   Contraindo-se como correntes de ferro,
   Caóticos e desgarrados da Eternidade.
   Los tentou romper os grilhões
   E aquecendo suas forjas escorreu
   Suores de ferro & latão.

5. Incansável, fremia o imortal prisioneiro,
   Esvaindo-se em dores lancinantes,
   Quando uma cúpula selvagem e áspera
   Conteve a fonte de seu pensamento.

6. Num sono insondável, repleto de pesadelos,
   Qual cadeia infernal,
   Retorcia-se uma gigantesca Coluna Dorsal,
   Arrojando aos ventos as costelas
   Dolorosas como côncavas cavernas;
   Seus ossos então gélidos enrijeceram-se
   Encobrindo os nervos do prazer.
   E assim se passou a primeira Era,
   E o sombrio estado de infortúnio.

7. Das grutas de sua Coluna
   Precipitou-se apavorado, caindo ao fundo
   De um globo purpúreo e incandescente,
   No vertiginoso Abismo;
   Esférico, Trêmulo & Palpitante,
   Expelindo dez milhares de fibras
   Ao redor de sua compacta ossatura.

E assim se passou a segunda Era,
E o sombrio estado de infortúnio.

8. Tomado pelo pavor, atormentado,
Seu cérebro irritado arrojou fibras
Que envolveram as fibras de seu coração,
E no interior das minúsculas cavidades;
Ocultos cuidadosamente dos ventos,
Seus Olhos contemplaram os abismos.
E assim se passou a terceira Era,
E o sombrio estado de infortúnio.

9. Começaram os tormentos da esperança.
Lutavam arduamente contra as dores,
Duas Orelhas de cerradas volutas,
E sob as suas órbitas da visão,
Em espiral abriam-se, petrificando-se
ao crescer. E assim se passou a quarta Era,
E o sombrio estado de infortúnio.

10. Abatidas pelos terríveis males;
Duas narinas inclinaram-se às profundezas
Suspensas na brisa
E assim se passou a quinta Era,
E o sombrio estado de infortúnio.

11. Padecendo a terrível moléstia,
Escavava-se no fulcro de suas costelas,
Uma Gruta esférica & Ávida
De onde erguia-se o canal de sua Garganta,

E qual purpúrea flama, uma língua
sedenta e faminta projetava-se.
E assim se passou a sexta Era,
E o sombrio estado de infortúnio.

12. Colérico & sufocado entre tormentos,
    Arrojou ao norte seu Braço direito,
    E ao sul o esquerdo,
    Imerso em intensa angústia,
    Seus Pés sulcaram os Vértices Abissais,
    Uivantes, Trepidantes & Aterradores.
    E assim se passou a sétima Era,
    E o sombrio estado de infortúnio.

Capítulo V

1. Aterrorizado, Los abandonou sua Grande Obra:
   O imenso martelo despencou de sua mão.
   E contemplando vacilante suas flamas
   Ocultou seus vigorosos membros
   Nos véus de breu da fumaça;
   Pois entre estrondos estranhos & estrepitosos,
   Com bruscos movimentos, gritos & silvos,
   suportou o Imortal suas correntes,
   Embora prisioneiro de um mortífero sono.

2. Todas as miríades da Eternidade,
   Toda a sabedoria & gozo da vida,
   Agitaram-se como um Oceano ao seu redor,
   A não ser o que as mirradas órbitas
   De seus olhos aos poucos desvelavam.

3. E então sua vida eterna
   Esvaiu-se como um sonho.

4. Estremecido, o Eterno Profeta desferiu
   Um violento golpe de norte a sul.
   Seus foles e martelos cessaram,
   E sua profética voz emudeceu.
   Um silêncio sem nervos & um tenebroso vazio
   Envolveram a Urizen & o Eterno Profeta.

5. Eras e eras se passaram, e eles foram
   Negados à vida & à luz, congelados.

Los consentiu que extinguissem seus fogos;
Olhou para trás com ansioso ardor
Mas o Espaço, indivisível pela Existência,
Invadiu de horror sua alma.

6. Los chorava oculto na sombria dor,
E tremendo o peito com a força de seu pranto;
Vislumbrou Urizen negro como a morte,
Cativo em suas correntes, & a Piedade surgiu,

7. Dividindo-se em angústia,
Pois a piedade fragmenta a alma
Torturada por toda a eternidade.
A vida transcorria em cataratas pelos penhascos.
O vazio contraiu a linfa em pulsações
Deslizando através da amplidão do seio da noite.
Suspendeu enfim uma esfera de sangue
Que trêmula vibrava sobre o abismo.
Assim o Eterno Profeta foi despedaçado
Ante a imagem de Urizen morto.
Pois entre nuvens & trevas,
Numa fria noite invernal,
O abismo de Los se estendia imenso.
Velando e desvelando-se ante os olhos
Dos Imortais, as visões surgiram da separação
Como lentes que descobrem os Mundos
No Abismo Abissal do Espaço.
Então os Imortais contemplaram
Os terríveis vislumbres de Los
E o globo de vida & sangue.

8. Vibrou a esfera de vida e sangue,
   Ramificando-se em raízes,
   Que fibrosas retorciam-se aos ventos,
   Fibras de sangue, leite & lágrimas,
   Dolorosas através dos tempos.
   Por fim, em lágrimas e pranto encarnada,
   Uma forma feminina trêmula e pálida,
   Ondas antes de sua funérea face.

9. Toda Eternidade estremeceu ao ver
   A primeira fêmea, agora separada;
   Lívida como uma nuvem de neve
   Pairando ante os olhos de Los.

10. Espanto, medo, estupefação & surpresa,
    Petrificaram as miríades da Eternidade
    Ante a primeira forma feminina, agora separada.
    Denominaram-na Piedade e se foram.

11. "Estendei em torno deles uma Tenda de espessas
    [cortinas,
    E que as cordas e estacas se fixem no Vazio,
    Para que os Eternos nunca mais possam vê-los."

12. Começaram então a tecer cortinas de trevas,
    Imensas colunas ergueram ao redor do Abismo
    Ganchos de ouro foram cravados nas pilastras
    E num feérico labor os Eternos
    Engendraram uma trama e a chamaram Ciência.

Capítulo VI

1. Los viu a Fêmea & compadeceu-se;
   Abraçou-a; mas chorando, ela o rejeitou;
   Com perverso e cruel deleite
   Fugiu de seus braços, mas ele foi buscá-la.

2. A Eternidade estremeceu ao ver
   O Homem gerando a semelhança
   De sua própria imagem dividida.

3. O tempo passou: os Eternos
   Começavam a erguer a tenda
   Quando Enitharmon febril
   Sentiu um Verme em sua Entranha

4. Ainda inerte jazia a Larva,
   Nos seus trêmulos fulcros
   Destinada a espantosa mutação.

5. Por todo dia se alojou no seu corpo;
   Por toda noite em sua entranha
   Até transformar-se numa serpente,
   Que entre venenos & silvos,
   Enrolava-se aos rins de Enitharmon.

6. Enroscada na entranha de Enitharmon
   Cresceu a serpente expelindo escamas;
   Com dores agudas os silvos se iniciaram

Dando lugar a gritos arrepiantes:
Muitas dores & agonia,
Inúmeras formas de peixe, pássaro & fera
Engendraram um feto que embrionado
Ocupava o lugar onde estivera o verme.

7. Os Eternos ergueram a tenda
Inquietos ante as sombrias visões,
Quando Enitharmon gemendo,
A um Menino deu a luz.

8. Um grito agudo abalou a Eternidade,
Subitamente paralisada ao ver,
O nascimento do espectro Humano:

9. Escavando a terra, irresistível,
Uivante, o Menino entre as flamas cruéis,
Emergiu da entranha de Enitharmon.

10. Os Eternos selaram a tenda;
Soltaram as cordas & derrubaram as estacas
Para que sua obra fosse eternizada.
Jamais Los contemplaria a Eternidade.

11. Tomou o menino nos braços;
Banhou-o nas correntes da mágoa,
E o entregou a Enitharmon.

Capítulo VII

1. A Criança recebeu o nome de Orc, e cresceu
   Nutrida pelo leite de Enitharmon.

2. Enitharmon a despertou. Ó tristeza & dor!
   Uma tira apertada a enlaçou e cresceu
   Circundando seu peito. Sôfrega,
   Conseguiu desatá-la,
   Mas outra ainda oprimia
   Seu peito. Sôfrega,
   Ela também a despedaçou.
   Ainda outra apareceu:
   De dia se formou,
   Mas à noite se rompeu.

3. Precipitando-se sobre as rochas
   Como uma corrente de ferro;
   Um a um, os elos se encadearam.

4. Carregaram Orc para os penhascos.
   Enitharmon caiu em prantos!
   Encadearam seus membros às rochas
   Com os pesados Grilhões da Inveja
   Sob a sombra mortal de Urizen.

5. Então os mortos ouviram a voz do menino
   E começaram a despertar do sono;
   Todos escutaram a voz da criança
   E foram acordando para a vida.

6. Urizen, ávido & faminto,
   Inebriado com os perfumes da Natureza
   Explorou as grutas da redondeza.

7. Engendrou um fio & um prumo
   Para perscrutar o fundo Abismo;
   Criou uma regra para dividir.

8. Inventou balanças para pesar,
   Séries de pesos maciços,
   Um sextante de chumbo,
   Bússolas de ouro,
   Começou a explorar o Abismo,
   Plantou um frutífero pomar.

9. Mas Los ocultou Enitharmon,
   Com as flamas da Profecia,
   Do olhar de Urizen e Orc.

10. E ela gerou uma enorme raça.

Capítulo VIII

1. Urizen sondou suas grutas,
   Montes, pântanos & desertos,
   Alumiando com um globo de fogo.
   A viagem terrível e atormentado
   Por cruéis atrocidades & formas
   De vida em suas desoladas cordilheiras.

2. Seu mundo gerava contínuas aberrações;
   Bizarras, incrédulas e aduladoras
   Fragmentos de vida, miragens
   De pés, mãos ou cabeças,
   De corações ou olhos. Pérfidos terrores,
   Rondavam deliciando-se no sangue.

3. E Urizen, enojado, viu eclodir
   Nas montanhas, suas eternas criações,
   Filhos & filhas do pesar
   Em prantos! Primeiro Thirel apareceu,
   Surpreso com sua própria existência,
   Qual ser surgido da nuvem & Utha,
   Das águas arfante emergiu.
   Godna rasgou a face da terra gritando
   E seus imensos céus estilhaçaram-se
   Como os solos sob o sol; Então Fuzon
   Irrompeu rápido como a flama
   Primeiro concebido e último a nascer.
   Da mesma forma que seus filhos eternos,

Suas filhas nasceram das verdejantes ervas,
Do gado, monstros & vermes abissais.

4. Prisioneiro das trevas, sua raça observou,
E sua alma adoeceu; Amaldiçoou
Seus filhos & filhas pois constatou
Que nem a Carne ou o Espírito seguiam,
Por um instante sequer, suas férreas leis.

5. Pois notou que a vida nutria-se de morte:
O Boi geme no matadouro,
O Cão no frio umbral.
Em prantos chorou & isto denominou Piedade,
E suas lágrimas aos ventos espargiram-se.

6. Gélido, errou pelos cimos de suas aldeias,
Entre prantos, dores & desilusões;
E por onde quer que vagasse,
Pelos estratos feéricos dos céus,
Uma sombra o perseguia,
Qual teia de aranha úmida e fria,
Saindo de sua alma cheia de mágoa,
E o céu qual cárcere dividindo,
Por onde os passos de Urizen
Caminharam sobre as tristes cidades;

7. Até que a Teia fria & escura alastrou-se
Enredando os tormentados elementos,
Surgidos do pranto de Urizen;
Esta Rede era um Embrião de Mulher

E ninguém conseguia desatar a Teia,
Nem mesmo as flamejantes asas.

8. Bem amarrados estavam os fios,
   Bem entrelaçadas as tramas,
   Tecidas como se fossem feitas
   Para o cérebro dos homens.

9. E todos a chamaram:
   "Rede da Religião".

Capítulo IX

1. Então os habitantes daquelas Cidades
   Sentiram um calafrio na espinha,
   E seus ossos começaram a enrijecer
   Entre males súbitos & tormentos,
   Temores & dores contundentes;
   Seguiram pelas encostas até que esvaídos,
   Seus Sentidos se atrofiaram,
   Sob a negra trama da peste.

2. Com as pupilas veladas e embotadas,
   Não mais distinguiam a rede da hipocrisia,
   E o lodo carnoso de seus céus turvados
   Em suas percepções atrofiadas
   Revelava-se como um ar cristalino
   Pois seus olhos se haviam tornado
   Minúsculos como o dos homens,
   E eles acabaram por ser transformados
   Em míseros répteis de sete pés de estatura.

3. Por seis dias alhearam-se da existência
   E no sétimo descansaram,
   Saudando o dia com tênues esperanças,
   Esquecendo suas vidas eternas.

4. E suas trinta cidades foram divididas
   Na forma de corações humanos.
   Impossibilitados de alçarem-se à vontade,
   No infinito abissal do espaço. Aprisionados

Na terra por seus sentidos contraídos,
Viveram mais alguns anos;
Relegando seus ruidosos corpos
Às mandíbulas feéricas das vorazes trevas.

5. E seus filhos em prantos erigiram
Túmulos em desoladas paragens,
Criando Códigos de Prudência e as chamaram
"Eternas Leis de Deus".

6. Fuzon convocou então
Os filhos restantes de Urizen
E juntos, a terra oscilante abandonaram.
Denominaram-se Egito e se foram.

7. E os demais filhos de Urizen
Sucumbiam com seus irmãos
Nos ardis da Rede de Urizen;
Mas sua persuasão foi em vão;
Pois os ouvidos dos habitantes
Haviam tornado-se estreitos & surdos & frios
E seus olhos não mais reconheciam
Seus irmãos das outras cidades.

8. E Fuzon convocou então
Os filhos restantes de Urizen
E a terra oscilante abandonaram
Denominaram-na Egito & se foram.

9. E vastas Vagas salgadas o globo envolveu.

AMÉRICA
(1793)
Fragmentos

O Poema "América", que retrata a Guerra de Independência Americana, cuja descrição apocalíptica poderá hoje parecer-nos a antevisão profética de uma explosão nuclear, pertence ao ciclo de poemas revolucionários escritos por Blake. Deste ciclo fazem parte outros poemas como "Europa" e "A Revolução Francesa".

O Espírito visionário e rebelde de Blake o identificará sempre às forças libertárias, esta energia poderosa & solene que, como um turbilhão de fogo, assolará eternamente a opressão. Esta força transmutadora é no poema "América" representada por Orc, o Guardião do Eterno Fluxo, cujos fogos alastrar-se-ão através da América e Inglaterra.

A.M.

América
(fragmentos)

Washington, Franklin, Paine & Warren, Allen, Gates & Lee,
Envoltos pelas ardentes flamas vislumbraram as terríveis hordas que dos céus surgiam.
Escutaram o brado retroante do Anjo de Albion,
E a peste sob as suas ordens emergiu das nuvens,
Precipitando-se sobre a América como uma tenebrosa tormenta.
Como a peste que ceifa os milharais recém-surgidos.
Sombrio estava o céu & inóspita a terra;
Assim como os gafanhotos que devastam os campos,
Assim como as vagas do maremoto que varrem as costas,
A Fúria! A Ira! A Loucura, como um furacão assolaram a América.
E as rubras flamas de Orc rugiram feéricas entre as praias, e a multidão tumultuada.
Os cidadãos de Nova York fecharam seus livros & trancaram seus cofres;
Os marinheiros de Boston ancoraram seus barcos e os descarregaram.
O escrivão da Pensilvânia arrojou sua pena ao chão
E o pedreiro da Virgínia, apavorado, atirou ao longe seu martelo.

●

A América já sem esperanças foi bruscamente tragada pelo Atlântico,

E a terra perdeu mais uma porção de Infinito;

Coléricas, as hordas precipitaram-se em meio à noite.

Enfureciam as purpúreas flamas! A peste retrocedia para irada investir-se

Contra os Anjos de Albion: Logo a Pestilência alastrou suas rubras estrias,

Nos membros dos Guardiões de Albion. A praga atingiu o Espírito de Bristol

E a lepra o Espírito de Londres deixando caídas suas legiões.

As multidões em delírio gritavam desesperadamente, despojando-se de suas armaduras forjadas,

Desnudas, ao chão arremessavam suas espadas & lanças.

O Guardião de Albion contorcia-se nos céus do este,

Pálido, volvendo para cima seus luminosos olhos, rangendo os dentes,

Trêmulo & uivante agitava as pernas fremendo cada músculo e tendão.

Jaziam sobre a neve o Guardião de Londres e o venerável Mitrado de York,

Suas frontes sobre os montes nevados e suas insígnias desfaleciam aos ventos.

A peste alastrava-se velozmente pelas ígneas correntezas conduzidas pelas flamas de Orc

E pelas hordas de ferozes americanos que corriam impetuosamente pela noite,

Até os Guardiões da Irlanda, Escócia & Gales.

Atormentados pela Peste, abandonaram suas fronteiras e estandartes calcinados

Pelos fogos infernais, detratavam os céus ancestrais com vergonha & dor.

Nos recônditos meandros de suas grutas, tomado pela peste, escondia-se o Bardo de Albion.

Um capuz carnoso cobriu-lhe o rosto & terríveis escamas alastraram-se por suas costas;

Encobertos pelas negras escamas, seus Anjos assolaram os céus ancestrais.

Abriram-se então os portais do casamento, e os Sacerdotes protegidos com suas crepitantes escamas,

Correm às tocas, escaparam rapidamente das chamas de Orc,

Que em redemoinhos giravam ao redor das abóbadas douradas qual turbilhantes anéis de fogo de desejo,

Desnudando as fêmeas, e abrasando-as com os ardores juvenis.

•

Pois os espíritos femininos dos mortos, languidescendo nos laços da religião,

Reanimaram-se & libertaram-se dos pesados grilhões & suspensas em imensos arcos,

Sentiam ressurgir os ardores juvenis e os ardores dos tempos antigos,

Nos seus lívidos membros qual videiras ao surgir das tenras uvas.

●

Pelas cidades, vales e montes, ardiam as rubras flamas:
Derretiam-se os céus de norte a sul; e Urizen, sentado
Entre trovões, pairando sobre os céus, erguia sua cabeça coberta
Pelas chagas da lepra,
De sua sagrada ermida. E suas lágrimas precipitavam-se torrenciais,
Sobre os vórtices do sublime abismo, cobertas por neves cinzentas
E faces trovejantes; Suas asas debatiam-se sobre o abismo;
Uivante em prantos, arrojou-se uivante e sombrio,
Contra as hordas derrotadas, plenas de lágrimas & trêmulas de frio.

MILTON

(1804-1808)
Fragmentos

> *"Se as portas da percepção se purificassem, cada coisa apareceria ao homem tal como é, infinita."*
> William Blake

Em "Milton", o Espírito deste grande poeta regressa à terra para cumprir sua verdadeira missão poética, e então aproxima-se de Blake, a fim de inspirá-lo.

Neste poema, o Cosmos configura-se como um Éden central, ao redor do qual encontra-se Beulah, plano onde as almas repousam. Em seguida precipita-se o Abismo, e mais além Ulro, o tenebroso Caos.

A.M.

Milton

Esta é a Natureza do infinito:
Todas as coisas possuem seus próprios Vórtices, e quando um navegante da Eternidade
Passa este Vórtice, percebe que ele turbilhonante gira para trás
E torna-se uma esfera que se engloba a si mesma como o sol, a lua, ou como um firmamento de constelada magnitude
Entretanto prossegue em sua maravilhosa trajetória pela terra,
Ou como forma humana, um amigo com o qual conviveu-se benevolentemente.
O olho humano, seu Vórtice abarcando, vislumbra o leste & o oeste
O norte & o sul, com suas vastas legiões de estrelas
O sol surgente e a lua no fulcro do horizonte
Os seus milharais e vales de quinhentos alqueires
A terra é uma planura infindável, e não como aparece
Ao ignóbil transeunte confinado às sombras da lua.
O céu é um Vórtice já há muito transpassado;
A terra, um Vórtice ainda intocado pelos navegantes da Eternidade.

....

E os quatro estados da tranquila Humanidade em seu Repouso

Foram-lhe então mostrados. Primeiro o de Beulah, o gostoso Sono

Sobre os sedosos leitos ao suave modular das melodias e das Flores de Beulah

Doces formas Femininas aladas ou flutuantes no cristal do ar.

O Segundo Estado é Alla & o terceiro Al-Ulro.

Mas o quarto, o fantástico, é denominado Or-Ulro.

O Primeiro localiza-se na Cabeça, o Segundo no Coração

O Terceiro nos vasos seminais e o Quarto,

No Estômago e Intestinos, terrível, letal e indescritível.

E aquele, cujos Portais se abrem nessas regiões do Corpo,

Pode nestes Portais vislumbrar estas deslumbrantes Imaginações.

●

Outros Filhos de Los engendram Momentos & Minutos & Horas

E Dias & Meses & Anos & Eras, deslumbrantes palácios;

E cada Momento possui um Leito de ouro destinado ao suave repouso,

(Um Momento equivale à pulsação de uma artéria)

Entre dois Momentos encontra-se uma filha de Beulah.

Que nutre os que Dormem com cuidados maternais.

Cada minuto detém uma tenda de sedosos Véus azuis:

E em cada Hora estende-se um Portal de ouro magistralmente esculpido.

Cada Dia & Noite possui brônzeas Muralhas & Umbrais de diamante

Que cintilam qual pedras preciosas com signos ornados.

Em cada Mês ergue-se um alto Terraço de pisos de prata.

Em cada Ano, imponentes Muralhas de gigantescas Torres.

Cada Era rodeia um profundo Poço com pontes de prata & ouro;

E cada período de Sete Eras é circundado por Iridescentes Flamas.

Sete Eras equivalem a Duzentos anos.

Tudo tem seu Guardião, cada Momento, Minuto, Hora, Dia, Mês & Ano;

São criações das Mágicas mãos dos quatro elementos;

Os Guardiões são Anjos da Providência em perpétuo dever.

Toda fração de Tempo menor que um pulsar de artéria

Equivale a Seis Mil Anos.

Pois neste Ciclo é criada a obra do Poeta, e nele os Grandes

Eventos do Tempo se iniciam e são concebidos

No fulcro de um instante, Pulsação arterial.
O céu é uma Tenda Eterna erguida pelos Filhos de Los;
E o vasto Espaço que o Homem contempla em sua morada
Na cobertura ou jardim no cimo de uma colina
De vinte e cinco pés de altura, é seu Universo;
Em cujos horizontes o Sol se põe, e as Nuvens inclinam-se
Tentando alcançar a Terra & o Mar no clariperfeito Espaço.
Os Firmamentos não se expandem, mas se curvam e se assentam por todos os lados.
Os Polos abrem suas válvulas douradas;
E se ele abandona sua morada seus céus o acompanharão
Até onde for, e sua perda, a vizinhança deplora.
Tal é o espaço denominado Terra & tal sua dimensão
Enquanto essa falsa aparência que se apresenta ao racionalista
Como um Globo rolando através da Vacuidade, é uma decepção de Ulro.
E disto nem desconfiam o Telescópio ou o Microscópio;
Alteram os parâmetros dos Órgãos do Espectador, deixando intocados os objetos;
Pois cada Espaço maior que um Glóbulo vermelho de sangue Humano
É visionário e foi pelo martelo de Los criado.
E cada espaço menor que um Glóbulo de sangue estende-se

Às larguras da Eternidade, da qual esta terra Vegetal não é senão a mera imagem.
O Glóbulo vermelho é o insondável Sol por Los criado,
Para mensurar o Tempo & o Espaço aos Mortais a cada manhã.

JERUSALÉM
(1804-1820)
Fragmento

Em "Jerusalém, a Emanação do Gigante Albion" (seu título original), William Blake nos apresenta duas entidades centrais: o gigante Albion, filho de Netuno, que personifica a Inglaterra, seu passado, presente & futuro; e Los, o espírito poético que o ampara fielmente. A inspiração poética e divina de Los despertará Albion de seu sono profundo. Blake em "Jerusalém" sugere que apenas a inspiração poética poderá conduzir-nos à vida eterna e não a cega submissão a meros preceitos de cunho religioso.

A.M.

Jerusalém

Quando foi-me ditado este verso, notei que uma Cadência Monótona, como a utilizada por Milton, Shakespeare e por todos os cultores do Verso Branco Inglês, derivada da moderna submissão à Rima, não era somente necessária, como também constituía-se em parte indispensável ao Verso. Porém, logo acabei por convencer-me que na voz de um autêntico Orador, esta monotonia, além de ineficaz, servia apenas como suporte à própria Rima. Procurei então a variedade em cada linha, nas cadências e nas métricas. Cada palavra e cada letra têm sido até agora estudadas e colocadas em seus devidos lugares; as métricas exaltadas para descrever os trechos exaltados, as calmas e suaves para tudo o que é calmo e suave, e as prosaicas para os trechos inferiores: todas são mutuamente necessárias. A Poesia entravada agrilhoa a humanidade; As Nações florescem ou entram em declínio conforme suas Poesias, Pinturas e Músicas. O Estado Original do Homem era a Sabedoria, a Arte e a Ciência.

POEMAS
(Bilíngue)

To see a world in a grain of sand
And a heaven in a wild flower
Hold infinity in the palm of your hand
And eternity in an hour.

● In: *The Pickering Manuscript*

Num grão de areia ver um mundo
Na flor silvestre a celeste amplidão
Segura o infinito em sua mão
E a eternidade num segundo.

To the morning

O Holy virgin! clad in purest white,
Unlock heav'n's golden gates, and issue forth;
Awake the dawn that sleeps in heaven; let light
Rise from the chambers of tile east, and bring
The honied dew that cometh on waking day.
O radiant morning, salute the sun,
Rouz'd like a huntsman to the chace, and, with
Thy buskin'd feet, appear upon our hills.

● In: *Poetical Sketches*

À manhã

Ó sagrada virgem! de alvura adornada
Abre os dourados umbrais do céu e sai;
Desperta a aurora inebriada no azul, deixa a luz
Emergir de sua morada no leste e esparge
O suave orvalho que vem com o novo dia.
Ó luminosa manhã, saúda o sol
Que qual um caçador cedo se levanta
E se alça sobre nossas colinas.

To the evening star

Thou fair hair'd angel of the evening,
Now, whilst the sun rests on the mountains, light
Thy bright torch of love; thy radiant crown
Put on, and smile upon our evening bed!
Smile on our loves, and, while thou drawest the
Blue curtains of the sky, scatter thy silver dew
On every flower that shuts its sweet eyes,
In timely sleep. Let thy west wind sleep on
The lake; speak silence with thy glimmering eyes,
And wash the dusk with silver. Soon, full soon,
Dost thou withdraw; then the wolf rages wide,
And the lion glares thro' the dun forest;
The fleeces of our flocks are cover'd with
Thy sacred dew: protect them with thine influence.

● In: *Poetical Sketches*

À Estrela Vésper

Tu, anjo noturno de alva cabeleira,
Agora, enquanto o sol se inclina sobre a colina, inflama
Teu reluzente lume, coloca a radiante coroa
E sorri sobre o leito da noite!
Sorri sobre nossos encantos enquanto recolhes
As cortinas azuis do céu, esparge teu argênteo orvalho
Sobre cada flor que cerra ao sono seus doces olhos,
Deixa que o vento do oeste adormeça sobre o lago
Fala em silêncio com os teus luminosos olhos
Banha de prata o crepúsculo e de repente
Te retiras enquanto enfurece o lobo,
E o leão o escuro bosque espreita:
Os velos de nossos rebanhos recobriram-se
Com o teu sagrado orvalho;
Protege-os com os teus sutis sortilégios.

To Summer

O Thou, who passest thro' our valleys in
Thy strength, curb thy fierce steeds, allay the heat
That flames from their large nostrils! thou,
                            [O Summer,
Oft pitched'st here thy golden tent, and oft
Beneath our oaks hast slept, while we beheld
With joy thy ruddy limbs and flourishing hair.

Beneath our thickest shades we oft have heard
Thy voice, when noon upon his fervid car
Rode o'er the deep of heaven; beside our springs
Sit down, and in our mossy valleys, on
Some bank beside a river clear, throw thy
Silk draperies off, and rush into the stream:
Our valleys lave the Summer in his pride.

Our bards are fam'd who strike the silver wire:
Our youth are bolder than the southern swains:
Our maidens fairer in the sprightly dance:
We lack not songs, nor instruments of joy,
Nor echoes sweet, nor waters clear as heaven,
Nor laurel wreaths against the sultry heat.

Ao Verão

Ó tu, que percorres nossos vales, com
Tua força, detém teus violentos corcéis, amaina as
                             [flamas
Que se arrojam por suas imensas narinas! Tu, Ó Verão,
Várias vezes aqui erguestes tua tenda dourada, pois
                             [muito
Temos dormido sob nossos carvalhos, contemplando
Com alegria teus rubros membros e tua opulenta
                             [cabeleira.

Nas paragens mais sombrias, muitas vezes escutamos
Tua voz, quando o sol sobre seu carro abrasador,
Percorre as profundezas do céu; Na beira de nossas fontes
Senta-te, e em nossos vales musgosos, à beira
de um cristalino regato, despe tua túnica de
Seda e lança-te à corrente:
Nossos vales veneram o Verão em sua glória.

Nossos bardos, que tangem a corda de prata, são famosos
Nossa juventude é mais audaz que a do sul
Nossas donzelas são mais vivazes nas danças alegres
Não nos faltam canções ou instrumentos de prazer,
Nem doces ecos, nem águas claras como o céu
Nem coroas de louros frente teu calor sufocante.

To Spring

O thou with dewy locks, who lookest down
Thro' the clear windows of the morning, turn
Thine angel eyes upon our western isle,
Which in full choir hails thy approach, O Spring!

The hills tell each other, and the listening
Valleys hear; all our longing eyes are turned
Up to thy bright pavilions: issue forth,
And let thy holy feet visit our clime.

Come o'er the eastern hills, and let our winds
Kiss thy perfumed garments; let us taste
Thy morn and evening breath; scatter thy pearls
Upon our love-sick land that mourn for thee.

O deck her forth with thy fair fingers; pour
Thy soft kisses on her bosom; and put
Thy golden crown upon her languished head,
Whose modest tresses were bound up for thee!

À Primavera

Ó tu com anéis úmidos de orvalho, que contemplas
Por entre os claros vitrais da manhã, volve
Teus olhos angélicos à nossa ilha ocidental,
Que repleta de coros saúda tua vinda, ó Primavera!

As colinas contam umas às outras, os atentos
Vales escutam, nossos olhos ardentes elevam-se
A teus resplandecentes pavilhões: Vem,
Deixa teus pés sagrados percorrerem nossa terra.

Descobre as colinas do Leste, e deixa nossos ventos
Beijarem tuas perfumadas vestes; Deixa-nos degustar
Teu alento da manhã e da noite; esparge tuas pérolas
Sobre nossa terra carente de amor que por ti chora.

Ó, veste-a com teus dedos encantados; espalha
Teus ternos beijos sobre seu seio; coloca
Tua coroa dourada sobre sua lânguida cabeça,
Cujos cachos modestos foram feitos para ti!

From Milton, Book the Second

Thou Hearest The Nightingale

Thou hearest the Nightingale begin the Song of
                            [Spring.
The lark sitting upon his earthy bed, just as the morn
Appears, listens silent; then springing from the waving
                            [Cornfields
He leads the choir of Day: trill, trill, trill,
Mounting upon tile wings of light into the Great
                            [Expanse
Reechoing against the lovely blue & shining heavenly
                            [Shell.

De Milton, Livro Segundo

Escuta o rouxinol

Escuta o Rouxinol, que a Canção da Primavera entoa
E a suave Cotovia, no tenro ramo pousada
Que na aurora sibilante surge sobre os ondulantes
                                       [Milharais
Regendo os refulgentes Corais do Sol; trina, trina,
                                       [trina,
Pela Imensa Vastidão deslizando nas asas da luz
Ecoando no azul intenso da Abóbada Celeste.

Laughing song

When the green woods laugh with the voice of joy,
And the dimpling stream runs laughing by;
When the air does laugh with our merry wit,
And the green hill laughs with the noise of it;

When the meadows laugh with lively green,
And the grasshopper laughs in the merry scene,
When Mary and Susan and Emily
With their sweet round mouths sing "Ha, Ha, He!"

When the painted birds laugh in the shade,
Where our table with cherries and nuts is spread,
Come live & be merry, and join with me,
To sing the sweet chorus of "Ha, Ha, He!"

Canção sorridente

Quando riem os bosques à voz da alegria
E rindo correm os riachos na pradaria
Quando ri o ar ao nosso bom humor
A verde colina junto a ele ri com fervor.

Quando riem os campos no verde brilhante
E ri o grilo na paisagem contente
Quando Mary, Susan e Emily
Com suaves bocas cantam "Há, Há, Hi!"

Quando riem na sombra os pássaros de cores
Onde está nossa mesa com cerejas e sabores
Vem, viva, seja feliz & bem aqui
Canta comigo o "Há, Há, Hi!"

Infant joy

"I have no name:
"I am but two days old."
What shall I call thee?
"I happy am,
"Joy is my name."
Sweet joy befall thee!

Pretty joy!
Sweet joy but two days old,
Sweet joy I call thee:
Thou dost smile,
I sing the while,
Sweet joy befall thee!

Alegria do menino

"Não tenho nome:
Tenho só dois dias de vida"
Como vamos te chamar?
"Sou feliz,
Alegria é meu nome."
Que tenha doces alegrias!

Bela alegria!
Doce gozo eu te chamo,
Doce gozo de dois dias:
Sorris tanto,
Enquanto canto,
Que tenhas doces alegrias!

Night

The sun descending in the west,
The evening star does shine;
The birds are silent in their nest,
And I must seek for mine.
The moon like a flower
In heaven's high bower,
With silent delight
Sits and smiles on the night

● In: *Songs of Innocence*

Noite

Declina o sol,
Levita a d'alva;
Silentes os pássaros
Nos ninhos,
Busco o meu.
E a lua em flor
No alto zênite,
Se assenta
E sorri na noite.

Thel's motto

Does the eagle know what is the pit?
Or wilt thou go ask the Mole?
Can Wisdom be put in a silver rod?
Or Love in a golden bowl?

● In: *Book of Thel*

Insígnia de Thel

Conhece a águia o profundo abismo?
Ou lhe perguntará sobre a Toupeira?
Coloca-se a Sabedoria num cetro de prata?
Ou o Amor num cálice dourado?

Ah! Sun-flower!

Ah, Sun-flower! weary of time,
Who countest the steps of the Sun,
Seeking after that sweet golden clime
Where the traveller's journey is done.

● In: *Songs of Experience*

Ah, girassol!

Ah, girassol! giras no tédio do tempo
Do sol contando os passos
Buscas o dourado e doce campo
Luminoso rumo dos peregrinos.

The lilly

The modest Rose puts forth a thorn,
The humble Sheep a threat'ning horn;
While the Lilly white shall in Love delight,
Nor a thorn, nor a threat, stain her beauty bright

● In: *Songs of Experience*

O lírio

A Rosa modesta eriçou um espinho,
A humilde Ovelha um chifre ameaçador;
E o Lírio branco num deleite de Carinho,
Nem espinho ou ameaça, mas a luz e o esplendor.

The sick rose

O Rose, thou art sick!
The invisible worm
That flies in the night,
In the howling storm,

Has found out thy bed
Of crimson joy,
And his dark secret love
Does thy life destroy.

A Rosa doente

Oh, Rosa! Estás doente:
O verme invisível
Que voa pela noite displicente
Na tempestade terrível,

Teu leito descobriu
De gozo carmesim,
E seu amor, secreto e sombrio
Te consome a vida enfim.

Songs of Innocence – Introduction

Piping down the valleys wild,
Piping songs of pleasant glee,
On a cloud I saw a child,
And he laughing said to me:

"Pipe a song about a Lamb!"
So I piped with merry cheer.
"Piper, pipe that song again;"
So I piped: he wept to hear.

"Drop thy pipe, thy happy pipe;
"Sing thy songs of happy cheer:"
So I sung the same again,
While he wept with joy to hear.

"Piper, sit thee down and write
"In a book, that all may read."
So he vanish'd from my sight,
And I pluck'd a hollow reed,

And I made a rural pen,
And I stain'd the water clear,
And I wrote my happy songs
Every child may joy to hear.

Canções da Inocência – Introdução

Pelos vales entoando a sorrir
A suave e feliz melodia
Numa nuvem um menino vi surgir
Que falando alegremente me pedia:

Toca a canção do Cordeiro!
A toquei com alegria e encanto
Toca outra vez, toca ligeiro!
Toquei: E não conteve o pranto.

"Deixa tua gaita contente,
Canções felizes irradia".
Toquei de novo pungente
Ele chorou de alegria.

"Gaiteiro, senta e escreve
O que todos possam entender"
Ele sumiu ligeiro e leve;
E um tênue ramo fui colher,

Uma rústica pena construí
Com água clara fui grafar;
Canções felizes escrevi
Que toda criança possa escutar.

Introduction of Songs of Experience

Hear the voice of the Bard!
Who Present, Past & Future, sees;
Whose ears have heard
The Holy Word
That walk'd among ancient trees,

"Turn away no more;
Why wilt thou turn away?
The starry floor,
The wat'ry shore,
Is giv'n thee till the break of day."

● In: *Songs of Experience*

Introdução de Canções da Experiência
(fragmento)

Ouça a voz do Bardo!
Que vislumbra as Imagens;
E cujos ouvidos têm escutado
O Verbo Sagrado
Pelas remotas paragens,

"Não mais se afasta;
E por que se afastaria?
O chão estrelado
A imensa costa
São seus até romper o dia."

The voice of ancient bard

Youth of delight, come hither,
And see the opening morn,
Image of truth new born
Doubt is fled, & clouds of reason,
Dark disputes & artful teasing.
Folly is an endless maze,
Tangled roots perplex her ways.
How many have fallen there!
They stumble all night over bones of the dead,
And feel they know not what but care,
And wish to lead others, when they should be led.

● In: *Songs of Experience*

A voz do velho bardo

Alegre Juventude, vem cá,
E contempla o amanhecer,
Imagem da verdade recém-criada,
Dissiparam-se as dúvidas e as névoas da razão,
As árduas disputas e os terríveis tormentos.
A insensatez é um interminável labirinto,
De emaranhadas raízes que embaraçam os caminhos.
Quantos ali já tombaram!
Eles tropeçam todas as noites nos ossos dos mortos,
E sabem que ignoram a tudo a não ser o medo,
E querem guiar, quando na verdade deveriam ser
                                          [guiados.

London

I wandered through each chartered street
Near where the chartered Thames does flow,
And mark in every face I meet
Marks of weakness, marks of woe.

In every cry of every Man
In every Infant's cry of fear,
In every voice, in every ban,
The mind-forged manacles I hear.

How the Chimney-sweeper's cry
Every blackening Church appals;
And the hapless Soldier's sight
Runs in blood down Palace walls.

But most through midnight streets I hear
How the youthful Harlot's curse
Blasts the new born Infant tear,
And blights with plagues the Marriage hearse.

● In: *Songs of Experience*

Londres

No Reino por cada rua vaguei
Rondei o Tâmisa fluente
E em cada face notei
Sinais da dor contundente

Em cada homem um grito atroz
Em cada criança um silvo arrepiante
Em cada negação, em cada voz
Os grilhões que forjou nossa mente

O lamento do mísero criado
Consterna as igrejas sombrias
E as lágrimas do infeliz soldado
Como sangue escorrem pelas lajes frias

Mas à meia-noite escuto na praça
As ameaças da Jovem Meretriz
Que o destino da criança desgraça
E o Cortejo Nupcial maldiz.

The chimney sweeper

A little black thing among the snow,
Crying "weep! weep!" in notes of woe!
"Where are thy father & mother? say?
"They are both gone up to the church to pray.

"Because I was happy upon the heath,
"And smiled among the winter's snow,
"They clothed me in the clothes of death,
"And taught me to sing the notes of woe.

"And because I am happy & dance & sing,
"They think they have done me no injury,
"And are gone to praise God & his Priest & King,
"Who make up a heaven of our misery."

O limpador de chaminés

Na neve há um negro e pequeno limpador
Gritando: Pranto! Pranto! Em notas de dor
Diga: Teus pais, onde foram parar?
Foram bem cedo à igreja rezar.

Pois sobre a terra estava minha sorte,
E entre a neve cantava com fervor,
Me vestiram com os trajes da morte,
Me ensinaram cantar as notas de dor.

Porque sou feliz & danço a cantar,
Pensam que nenhum mal me fizeram,
Seu Deus & Padre & Rei foram louvar,
Paraísos de nossa miséria tramaram.

The little vagabond

Dear Mother, dear Mother, the Church is cold,
But the Ale-house is healthy & pleasant & warm;
Besides I can tell where I am used well,
Such usage in Heaven will never do well.

But if at the Church they would give us some Ale,
And a pleasant fire our souls to regale,
We'd sing and we'd pray all the live-long day,
Not ever once wish from the Church to stray.

Then the Parson might preach, & drink, & sing,
And we'd be as happy as birds in the spring;
And modest Dame Lurch, who is always at Church,
Would not have bandy children, nor fasting, nor
                                [birch.

And God, like a father rejoicing to see
His children as pleasant and happy as he,
Would have no more quarrel with the Devil or the
                                [Barrel,
But kiss him, & give him both drink and apparel.

O pequeno vagabundo

Querida Mãe, Querida Mãe, a igreja é fria
Mas a taverna é saudável, agradável & quente;
E posso dizer que lá me tratam bem.
Pois nem no céu passaria tão bem.

Mas se na Igreja Cerveja pudessem dar
E um bom fogo a nossas almas regalar,
Por todo o dia rezaríamos & cantaríamos,
E da Igreja jamais nos afastaríamos.

Então o Pastor poderia pregar & beber & cantar
Seríamos tão felizes qual aves primaveris a voar,
E a Senhora Bebedeira, sempre na Igreja em oração,
Não teria filhos franzinos, nem jejum ou punição.

E Deus como um pai que se regozija em ver
Seus filhos como ele, amáveis e felizes a valer,
Não teria mais querelas com o Diabo e o Barril,
Mas lhe daria vestes, bebida & beijos mil.

Mad song

The wild winds weep,
And the night is a-cold;
Come hither, Sleep,
And my griefs unfold:
But lo! the morning peeps
Over the eastern steeps,
And the rustling birds of dawn
The earth do scorn.

Lo! to the vault
Of paved heaven,
With sorrow fraught
My notes are driven:
They strike the ear of night,
Make weep the eyes of day;
They make mad the roaring winds,
And with tempests play.

Like a fiend in a cloud,
With howling woe,
After night I do croud,
And with night will go;
I turn my back to the east,
From whence comforts have increas'd;
For light doth seize my brain
With frantic pain.

● In: *Poetical Sketches*

Canção louca

O vento selvagem chora,
E a noite é tão fria;
Ó sono, vem sem demora,
E abraça minha agonia;
Mas olha! Chega a manhã
Ao leste sobre a montanha,
E os pássaros cantores da aurora
A terra desdenham agora.

Olha! Pelas alturas
Do céu azuladas,
Cheias de desventuras
Minhas notas são levadas:
Batem nos ouvidos das noites escuras,
Os olhos dos dias lacrimejam
Enlouquecem os ventos que rugem,
E com as tormentas pelejam.

Qual demônio esvoaçante
Que na nuvem, uiva e chora,
Persigo a noite neste instante,
E com a noite vou embora;
Darei as costas ao nascente,
Onde o consolo é crescente;
Pois a luz agarra minha mente
Com uma dor lancinante.

The Tyger

Tyger! Tyger! burning bright
In the forests of the night,
What immortal hand or eye
Could frame thy fearful symmetry?

In what distant deeps or skies
Burnt the fire of thine eyes?
On what wings dare he aspire?
What the hand dare seize the fire?

And what shoulder, & what art,
Could twist the sinews of thy heart?
And when thy heart began to beat,
What dread hand? & what dread feet?

What the hammer? what the chain?
In what furnace was thy brain?
What the anvil? what dread grasp
Dare its deadly terrors clasp?

When the stars threw down their spears,
And watered heaven with their tears,
Did he smile his work to see?
Did he who made the Lamb make thee?

O tigre*

Tigre! Tigre! Luz brilhante
Nas florestas da noite,
Que olho ou mão imortal ousaria
Criar tua terrível simetria?

Em que céus ou abismos,
Flamejou o fogo de teus olhos?
Sobre que asas ousou se alçar?
Que mão ousou esse fogo tomar?

E que ombro & que saber,
Foram as fibras de teu coração torcer?
E o primeiro pulso de teu coração
Que pé ou terrível mão?

Que martelo, que corrente?
Que forno forjou tua mente?
Que bigorna? Que punho magistral
Captou teu terror mortal?

Quando os astros arrojam seus raios,
Cobrindo de lágrimas os céus.
Sorriu ao sua obra contemplar?
Quem te criou, o Cordeiro foi criar?

---

* Tradução Alberto Marsicano e John Milton

Tyger! Tyger! burning bright
In the forests of the night,
What immortal hand or eye,
Dare frame thy fearful symmetry?

Tigre, Tigre luz brilhante
Nas florestas da noite,
Que olho ou mão imortal ousaria
Criar tua terrível simetria?

Jerusalem

Bring me by Bow of burning gold:
Bring me my Arrows of desire:
Bring me my Spear: O Clouds unfold!
Bring me my Chariot of fire.

I will not cease from Mental Fight
Nor shall my Sword sleep in my hand
Till we have built Jerusalem
In England's green & pleasant Land.

● In: *Milton*

Jerusalém

Trazei-me o Arco de ouro flamejante:
Trazei-me as Setas do desejo:
Trazei-me a Lança: Nuvens abri-vos!
Trazei-me a Carruagem de fogo.

Não cessará minha Empresa,
Nem dormirá minha Espada
Até Jerusalém ser edificada
Na verdejante Terra inglesa.

Cronologia

1757 – Nascimento em Londres, a 28 de novembro.

1767 – Recebe aulas de desenho com o mestre Henry Parr.

1768 – Escreve suas primeiras composições, que integrarão os "Poetical Sketches" (Esboços Poéticos).

1772 – Inicia-se na arte da gravura com James Basire.

1773 – Realiza a sua primeira gravura.

1774 – Seus trabalhos executados na Westminster Abbey obtêm uma considerável repercussão.

1775 – Eclode a Guerra da Independência Americana, que inspirará o poema "América".

1780 – Expõe sua primeira aquarela na Royal Academy.

1782 – Casa-se com Catherine Boucher a 18 de agosto.

1784 – Abre um atelier de gravura juntamente com James Parker; expõe novamente na Royal Academy.

1788/9 – Prepara "All Religions are One" (Todas as Religiões são Uma).

1788 – Associa-se e frequenta a Swedenborginian Society.

1789 – Grava "The Book of Thel" (O Livro de Thel) e "Songs of Innocence" (Canções da Inocência).

1790 – Começa a escrever "The Marriage of Heaven and Hell". (O casamento do céu e do inferno.)

1791 – Escreve a primeira parte de "The French Revolution" (A Revolução Francesa).

1792 – Termina "The Marriage of Heaven and Hell."

1793 – Finaliza "The Gates of Paradise" (Os Portais do Paraíso) e "América".

1794 – Imprime "Songs of Innocence and Experience"; escreve o *The First Book of Urizen* (O Primeiro Livro de Urizen).

1795 – Escreve *Songs of Los* (Canções de Los) e *The Book of Los* (O Livro de Los).

1796 – Começa as gravuras para "Night Thoughts" (Meditações Noturnas) de Young.

1800 – Deixa Londres e parte para Felpham, no condado de Sussex, onde passa a residir num *cottage*.

1803 – A Inglaterra entra em guerra com a França, e uma onda de patriotismo varre o país. Blake é acusado judicialmente por agredir um soldado e proferir palavras injuriosas.

1804 – Blake é absolvido da acusação e continua a ilustrar os livros *Milton* e *Jerusalem*.

1808 – Termina o *Milton*. Suas gravuras que ilustram o *The Grave* de Blair são criticadas por Robert Hunt no *The Examiner*.

1809 – Expõe seus "Canterbury Pilgrims", recebendo calorosa repercussão, embora sendo alvo de novas críticas do *The Examiner*.

1810/12 – Prepara "Jerusalem" e modifica o título de "Vala" para "The Four Zoas" (Os Quatro Zoas).

1812 – Imprime o prólogo para *The Canterbury Tales* e expõe trabalhos na Associação dos Aquarelistas.

1815 – Paz com a França, Napoleão é derrotado. O poeta então atravessa um período de grave crise financeira, sobrevivendo graças às gravuras feitas para o catálogo das porcelanas Wedgwood.

1818 – Termina "Jerusalem" e imprime "The Gates of Paradise".

1822 – A Royal Academy faz-lhe uma doação de 25 libras.

1824 – Ilustra o "Pilgrim's Progress". Morre seu irmão James.

1825 – Completa seus trabalhos para "Job" e inicia as ilustrações de *Dante*.

1827 – Começa a imprimir *Dante*. Morre a 12 de agosto.

Os tradutores

ALBERTO MARSICANO (1952-2013), graduado em Filosofia pela Universidade de São Paulo, é autor de *Jim Morrison por ele mesmo* (Martin Claret) e *Rimbaud por ele mesmo* (Martin Claret), entre outros, e das traduções *Trilha estreita ao confim*, de Bashô (Iluminuras), *Nas invisíveis asas da poesia*, antologia poética de John Keats (Iluminuras) e *Sijô – poesiacanto coreana clássica* (Iluminuras).

JOHN MILTON, nascido em Birmigham, Inglaterra, é professor de Literatura Inglesa e Tradução na Universidade de São Paulo e autor de *O poder da tradução* (Ars Poética). Traduziu com Alberto Marsicano a antologia do poeta John Keats *Nas invisíveis asas da poesia* (Iluminuras). Organizou *Modern poetry in translation n. 6 (King's College, London, 1994)*, volume dedicado à tradução da poesia brasileira.

Índice

Apresentação 9
Sobre a tradução 12

O CASAMENTO DO CÉU E DO INFERNO (1790) 13
   O Argumento 14
   A Voz do Demônio 16
   Uma Visão Memorável 18
   Provérbios do Inferno 19
   Uma Visão Memorável 28
   Uma Visão Memorável 31
   Uma Visão Memorável 33
   Uma Visão Memorável 38
   Uma canção de liberdade 40

O LIVRO DE URIZEN (1794) 43
   Prelúdio 44
   Capítulo I 45
   Capítulo II 47
   Capítulo III 49
   Capítulo IV 52
   Capítulo IV. a 53
   Capítulo V 57
   Capítulo VI 60
   Capítulo VII 62
   Capítulo VIII 64
   Capítulo IX 67

AMÉRICA (1793) Fragmentos 69
   América (fragmentos) 70

MILTON (1804-1808) Fragmentos 75
   Milton 76

Jerusalém (1804-1820) Fragmento	81
Jerusalém	82
Poemas (bilíngue)	83
To the morning	86
À manhã	87
To the evening star	88
À Estrela Vésper	89
To Summer	90
Ao Verão	91
To Spring	92
À Primavera	93
From Milton, Book the Second	94
De Milton, Livro Segundo	95
Laughing song	96
Canção sorridente	97
Infant joy	98
Alegria do menino	99
Night	100
Noite	101
Thel's motto	102
Insígnia de Thel	103
Ah! Sun-flower!	104
Ah, girassol!	105
The lilly	106
O lírio	107
The sick rose	108
A Rosa doente	109
Songs of Innocence – Introduction	110
Canções da Inocência – Introdução	111
Introduction of Songs of Experience	112
Introdução de Canções da Experiência (fragmento)	113
The voice of ancient bard	114
A voz do velho bardo	115

London	116
Londres	117
The chimney sweeper	118
O limpador de chaminés	119
The little vagabond	120
O pequeno vagabundo	121
Mad song	122
Canção louca	123
The Tyger	124
O tigre	125
Jerusalem	128
Jerusalém	129
CRONOLOGIA	131
OS TRADUTORES	133

Coleção L&PM POCKET (Lançamentos mais recentes)

703. **Striptiras (3)** – Laerte
704. **Discurso sobre a origem e os fundamentos da desigualdade entre os homens** – Rousseau
705. **Os duelistas** – Joseph Conrad
706. **Dilbert (2)** – Scott Adams
707. **Viver e escrever** (vol. 1) – Edla van Steen
708. **Viver e escrever** (vol. 2) – Edla van Steen
709. **Viver e escrever** (vol. 3) – Edla van Steen
710. **A teia da aranha** – Agatha Christie
711. **O banquete** – Platão
712. **Os belos e malditos** – F. Scott Fitzgerald
713. **Libelo contra a arte moderna** – Salvador Dalí
714. **Akropolis** – Valerio Massimo Manfredi
715. **Devoradores de mortos** – Michael Crichton
716. **Sob o sol da Toscana** – Frances Mayes
717. **Batom na cueca** – Nani
718. **Vida dura** – Claudia Tajes
719. **Carne trêmula** – Ruth Rendell
720. **Cris, a fera** – David Coimbra
721. **O anticristo** – Nietzsche
722. **Como um romance** – Daniel Pennac
723. **Emboscada no Forte Bragg** – Tom Wolfe
724. **Assédio sexual** – Michael Crichton
725. **O espírito do Zen** – Alan W.Watts
726. **Um bonde chamado desejo** – Tennessee Williams
727. **Como gostais** seguido de **Conto de inverno** – Shakespeare
728. **Tratado sobre a tolerância** – Voltaire
729. **Snoopy: Doces ou travessuras? (7)** – Charles Schulz
730. **Cardápios do Anonymus Gourmet** – J.A. Pinheiro Machado
731. **100 receitas com lata** – J.A. Pinheiro Machado
732. **Conhece o Mário?** vol.2 – Santiago
733. **Dilbert (3)** – Scott Adams
734. **História de um louco amor** seguido de **Passado amor** – Horacio Quiroga
735(11). **Sexo: muito prazer** – Laura Meyer da Silva
736(12). **Para entender o adolescente** – Dr. Ronald Pagnoncelli
737(13). **Desembarcando a tristeza** – Dr. Fernando Lucchese
738. **Poirot e o mistério da arca espanhola & outras histórias** – Agatha Christie
739. **A última legião** – Valerio Massimo Manfredi
741. **Sol nascente** – Michael Crichton
742. **Duzentos ladrões** – Dalton Trevisan
743. **Os devaneios do caminhante solitário** – Rousseau
744. **Garfield, o rei da preguiça (10)** – Jim Davis
745. **Os magnatas** – Charles R. Morris
746. **Pulp** – Charles Bukowski
747. **Enquanto agonizo** – William Faulkner
748. **Aline: viciada em sexo (3)** – Adão Iturrusgarai
749. **A dama do cachorrinho** – Anton Tchékhov
750. **Tito Andrônico** – Shakespeare
751. **Antologia poética** – Anna Akhmátova
752. **O melhor de Hagar 6** – Dik e Chris Browne
753(12). **Michelangelo** – Nadine Sautel
754. **Dilbert (4)** – Scott Adams
755. **O jardim das cerejeiras** seguido de **Tio Vânia** – Tchékhov
756. **Geração Beat** – Claudio Willer
757. **Santos Dumont** – Alcy Cheuiche
758. **Budismo** – Claude B. Levenson
759. **Cleópatra** – Christian-Georges Schwentzel
760. **Revolução Francesa** – Frédéric Bluche, Stéphane Rials e Jean Tulard
761. **A crise de 1929** – Bernard Gazier
762. **Sigmund Freud** – Edson Sousa e Paulo Endo
763. **Império Romano** – Patrick Le Roux
764. **Cruzadas** – Cécile Morrisson
765. **O mistério do Trem Azul** – Agatha Christie
768. **Senso comum** – Thomas Paine
769. **O parque dos dinossauros** – Michael Crichton
770. **Trilogia da paixão** – Goethe
773. **Snoopy: No mundo da lua! (8)** – Charles Schulz
774. **Os Quatro Grandes** – Agatha Christie
775. **Um brinde de cianureto** – Agatha Christie
776. **Súplicas atendidas** – Truman Capote
779. **A viúva imortal** – Millôr Fernandes
780. **Cabala** – Roland Goetschel
781. **Capitalismo** – Claude Jessua
782. **Mitologia grega** – Pierre Grimal
783. **Economia: 100 palavras-chave** – Jean-Paul Betbèze
784. **Marxismo** – Henri Lefebvre
785. **Punição para a inocência** – Agatha Christie
786. **A extravagância do morto** – Agatha Christie
787(13). **Cézanne** – Bernard Fauconnier
788. **A identidade Bourne** – Robert Ludlum
789. **Da tranquilidade da alma** – Sêneca
790. **Um artista da fome** seguido de **Na colônia penal e outras histórias** – Kafka
791. **Histórias de fantasmas** – Charles Dickens
796. **O Uraguai** – Basílio da Gama
797. **A mão misteriosa** – Agatha Christie
798. **Testemunha ocular do crime** – Agatha Christie
799. **Crepúsculo dos ídolos** – Friedrich Nietzsche
802. **O grande golpe** – Dashiell Hammett
803. **Humor barra pesada** – Nani
804. **Vinho** – Jean-François Gautier
805. **Egito Antigo** – Sophie Desplancques
806(14). **Baudelaire** – Jean-Baptiste Baronian
807. **Caminho da sabedoria, caminho da paz** – Dalai Lama e Felizitas von Schönborn
808. **Senhor e servo e outras histórias** – Tolstói
809. **Os cadernos de Malte Laurids Brigge** – Rilke
810. **Dilbert (5)** – Scott Adams
811. **Big Sur** – Jack Kerouac
812. **Seguindo a correnteza** – Agatha Christie
813. **O álibi** – Sandra Brown
814. **Montanha-russa** – Martha Medeiros
815. **Coisas da vida** – Martha Medeiros
816. **A cantada infalível** seguido de **A mulher do centroavante** – David Coimbra
819. **Snoopy: Pausa para a soneca (9)** – Charles Schulz

820. De pernas pro ar – Eduardo Galeano
821. Tragédias gregas – Pascal Thiercy
822. Existencialismo – Jacques Colette
823. Nietzsche – Jean Granier
824. Amar ou depender? – Walter Riso
825. Darmapada: A doutrina budista em versos
826. J'Accuse...! – a verdade em marcha – Zola
827. Os crimes ABC – Agatha Christie
828. Um gato entre os pombos – Agatha Christie
831. Dicionário de teatro – Luiz Paulo Vasconcellos
832. Cartas extraviadas – Martha Medeiros
833. A longa viagem de prazer – J. J. Morosoli
834. Receitas fáceis – J. A. Pinheiro Machado
835. (14). Mais fatos & mitos – Dr. Fernando Lucchese
836. (15). Boa viagem! – Dr. Fernando Lucchese
837. Aline: Finalmente nua!!! (4) – Adão Iturrusgarai
838. Mônica tem uma novidade! – Mauricio de Sousa
839. Cebolinha em apuros! – Mauricio de Sousa
840. Sócios no crime – Agatha Christie
841. Bocas do tempo – Eduardo Galeano
842. Orgulho e preconceito – Jane Austen
843. Impressionismo – Dominique Lobstein
844. Escrita chinesa – Viviane Alleton
845. Paris: uma história – Yvan Combeau
846. (15). Van Gogh – David Haziot
848. Portal do destino – Agatha Christie
849. O futuro de uma ilusão – Freud
850. O mal-estar na cultura – Freud
853. Um crime adormecido – Agatha Christie
854. Satori em Paris – Jack Kerouac
855. Medo e delírio em Las Vegas – Hunter Thompson
856. Um negócio fracassado e outros contos de humor – Tchékhov
857. Mônica está de férias! – Mauricio de Sousa
858. De quem é esse coelho? – Mauricio de Sousa
859. O mistério Sittaford – Agatha Christie
861. Manhã transfigurada – L. A. de Assis Brasil
862. Alexandre, o Grande – Pierre Briant
863. Jesus – Charles Perrot
864. Islã – Paul Balta
865. Guerra da Secessão – Farid Ameur
866. Um rio que vem da Grécia – Cláudio Moreno
868. Assassinato na casa do pastor – Agatha Christie
869. Manual do líder – Napoleão Bonaparte
870. (16). Billie Holiday – Sylvia Fol
871. Bidu arrasando! – Mauricio de Sousa
872. Os Sousa: Desventuras em família – Mauricio de Sousa
874. E no final a morte – Agatha Christie
875. Guia prático do Português correto – vol. 4 – Cláudio Moreno
876. Dilbert (6) – Scott Adams
877. (17). Leonardo da Vinci – Sophie Chauveau
878. Bella Toscana – Frances Mayes
879. A arte da ficção – David Lodge
880. Striptiras (4) – Laerte
881. Skrotinhos – Angeli
882. Depois do funeral – Agatha Christie
883. Radicci 7 – Iotti
884. Walden – H. D. Thoreau
885. Lincoln – Allen C. Guelzo
886. Primeira Guerra Mundial – Michael Howard
887. A linha de sombra – Joseph Conrad
888. O amor é um cão dos diabos – Bukowski
890. Despertar: uma vida de Buda – Jack Kerouac
891. (18). Albert Einstein – Laurent Seksik
892. Hell's Angels – Hunter Thompson
893. Ausência na primavera – Agatha Christie
894. Dilbert (7) – Scott Adams
895. Ao sul de lugar nenhum – Bukowski
896. Maquiavel – Quentin Skinner
897. Sócrates – C.C.W. Taylor
899. O Natal de Poirot – Agatha Christie
900. As veias abertas da América Latina – Eduardo Galeano
901. Snoopy: Sempre alerta! (10) – Charles Schulz
902. Chico Bento: Plantando confusão – Mauricio de Sousa
903. Penadinho: Quem é morto sempre aparece – Mauricio de Sousa
904. A vida sexual da mulher feia – Claudia Tajes
905. 100 segredos de liquidificador – José Antonio Pinheiro Machado
906. Sexo muito prazer 2 – Laura Meyer da Silva
907. Os nascimentos – Eduardo Galeano
908. As caras e as máscaras – Eduardo Galeano
909. O século do vento – Eduardo Galeano
910. Poirot perde uma cliente – Agatha Christie
911. Cérebro – Michael O'Shea
912. O escaravelho de ouro e outras histórias – Edgar Allan Poe
913. Piadas para sempre (4) – Visconde da Casa Verde
914. 100 receitas de massas light – Helena Tonetto
915. (19). Oscar Wilde – Daniel Salvatore Schiffer
916. Uma breve história do mundo – H. G. Wells
917. A Casa do Penhasco – Agatha Christie
918. John M. Keynes – Bernard Gazier
919. ...
920. (20). Virginia Woolf – Alexandra Lemasson
921. Peter e Wendy seguido de Peter Pan em Kensington Gardens – J. M. Barrie
922. Aline: numas de colegial (5) – Adão Iturrusgarai
923. Uma dose mortal – Agatha Christie
924. Os trabalhos de Hércules – Agatha Christie
926. Kant – Roger Scruton
927. A inocência do Padre Brown – G.K. Chesterton
928. Casa Velha – Machado de Assis
929. Marcas de nascença – Nancy Huston
930. Aulete de bolso
931. Hora Zero – Agatha Christie
932. Morte na Mesopotâmia – Agatha Christie
934. Nem te conto, João – Dalton Trevisan
935. As aventuras de Huckleberry Finn – Mark Twain
936. (21). Marilyn Monroe – Anne Plantagenet
937. China moderna – Rana Mitter
938. Dinossauros – David Norman
939. Louca por homem – Claudia Tajes
940. Amores de alto risco – Walter Riso
941. Jogo de damas – David Coimbra
942. Filha é filha – Agatha Christie
943. M ou N? – Agatha Christie

945. **Bidu: diversão em dobro!** – Mauricio de Sousa
946. **Fogo** – Anaïs Nin
947. **Rum: diário de um jornalista bêbado** – Hunter Thompson
948. **Persuasão** – Jane Austen
949. **Lágrimas na chuva** – Sergio Faraco
950. **Mulheres** – Bukowski
951. **Um pressentimento funesto** – Agatha Christie
952. **Cartas na mesa** – Agatha Christie
954. **O lobo do mar** – Jack London
955. **Os gatos** – Patricia Highsmith
956.(22).**Jesus** – Christiane Rancé
957. **História da medicina** – William Bynum
958. **O Morro dos Ventos Uivantes** – Emily Brontë
959. **A filosofia na era trágica dos gregos** – Nietzsche
960. **Os treze problemas** – Agatha Christie
961. **A massagista japonesa** – Moacyr Scliar
963. **Humor do miserê** – Nani
964. **Todo o mundo tem dúvida, inclusive você** – Édison de Oliveira
965. **A dama do Bar Nevada** – Sergio Faraco
969. **O psicopata americano** – Bret Easton Ellis
970. **Ensaios de amor** – Alain de Botton
971. **O grande Gatsby** – F. Scott Fitzgerald
972. **Por que não sou cristão** – Bertrand Russell
973. **A Casa Torta** – Agatha Christie
974. **Encontro com a morte** – Agatha Christie
975.(23).**Rimbaud** – Jean-Baptiste Baronian
976. **Cartas na rua** – Bukowski
977. **Memória** – Jonathan K. Foster
978. **A abadia de Northanger** – Jane Austen
979. **As pernas de Úrsula** – Claudia Tajes
980. **Retrato inacabado** – Agatha Christie
981. **Solanin (1)** – Inio Asano
982. **Solanin (2)** – Inio Asano
983. **Aventuras de amor** – Mitsuru Adachi
984.(16).**Fatos & mitos sobre sua alimentação** – Dr. Fernando Lucchese
985. **Teoria quântica** – John Polkinghorne
986. **O eterno marido** – Fiódor Dostoiévski
987. **Um safado em Dublin** – J. P. Donleavy
988. **Mirinha** – Dalton Trevisan
989. **Akhenaton e Nefertiti** – Carmen Seganfredo e A. S. Franchini
990. **On the Road – o manuscrito original** – Jack Kerouac
991. **Relatividade** – Russell Stannard
992. **Abaixo de zero** – Bret Easton Ellis
993.(24).**Andy Warhol** – Mériam Korichi
995. **Os últimos casos de Miss Marple** – Agatha Christie
996. **Nico Demo: Aí vem encrenca** – Mauricio de Sousa
998. **Rousseau** – Robert Wokler
999. **Noite sem fim** – Agatha Christie
1000. **Diários de Andy Warhol (1)** – Editado por Pat Hackett
1001. **Diários de Andy Warhol (2)** – Editado por Pat Hackett
1002. **Cartier-Bresson: o olhar do século** – Pierre Assouline
1003. **As melhores histórias da mitologia: vol. 1** – A.S. Franchini e Carmen Seganfredo
1004. **As melhores histórias da mitologia: vol. 2** – A.S. Franchini e Carmen Seganfredo
1005. **Assassinato no beco** – Agatha Christie
1006. **Convite para um homicídio** – Agatha Christie
1008. **História da vida** – Michael J. Benton
1009. **Jung** – Anthony Stevens
1010. **Arsène Lupin, ladrão de casaca** – Maurice Leblanc
1011. **Dublinenses** – James Joyce
1012. **120 tirinhas da Turma da Mônica** – Mauricio de Sousa
1013. **Antologia poética** – Fernando Pessoa
1014. **A aventura de um cliente ilustre** *seguido de* **O último adeus de Sherlock Holmes** – Sir Arthur Conan Doyle
1015. **Cenas de Nova York** – Jack Kerouac
1016. **A corista** – Anton Tchékhov
1017. **O diabo** – Leon Tolstói
1018. **Fábulas chinesas** – Sérgio Capparelli e Márcia Schmaltz
1019. **O gato do Brasil** – Sir Arthur Conan Doyle
1020. **Missa do Galo** – Machado de Assis
1021. **O mistério de Marie Rogêt** – Edgar Allan Poe
1022. **A mulher mais linda da cidade** – Bukowski
1023. **O retrato** – Nicolai Gogol
1024. **O conflito** – Agatha Christie
1025. **Os primeiros casos de Poirot** – Agatha Christie
1027.(25).**Beethoven** – Bernard Fauconnier
1028. **Platão** – Julia Annas
1029. **Cleo e Daniel** – Roberto Freire
1030. **Til** – José de Alencar
1031. **Viagens na minha terra** – Almeida Garrett
1032. **Profissões para mulheres e outros artigos feministas** – Virginia Woolf
1033. **Mrs. Dalloway** – Virginia Woolf
1034. **O cão da morte** – Agatha Christie
1035. **Tragédia em três atos** – Agatha Christie
1037. **O fantasma da Ópera** – Gaston Leroux
1038. **Evolução** – Brian e Deborah Charlesworth
1039. **Medida por medida** – Shakespeare
1040. **Razão e sentimento** – Jane Austen
1041. **A obra-prima ignorada** *seguido de* **Um episódio durante o Terror** – Balzac
1042. **A fugitiva** – Anaïs Nin
1043. **As grandes histórias da mitologia greco--romana** – A. S. Franchini
1044. **O corno de si mesmo & outras historietas** – Marquês de Sade
1045. **Da felicidade** *seguido de* **Da vida retirada** – Sêneca
1046. **O horror em Red Hook e outras histórias** – H. P. Lovecraft
1047. **Noite em claro** – Martha Medeiros
1048. **Poemas clássicos chineses** – Li Bai, Du Fu e Wang Wei
1049. **A terceira moça** – Agatha Christie
1050. **Um destino ignorado** – Agatha Christie
1051.(26).**Buda** – Sophie Royer
1052. **Guerra Fria** – Robert J. McMahon
1053. **Simons's Cat: as aventuras de um gato travesso e comilão – vol. 1** – Simon Tofield

1054. **Simons's Cat: as aventuras de um gato travesso e comilão – vol. 2** – Simon Tofield
1055. **Só as mulheres e as baratas sobreviverão** – Claudia Tajes
1057. **Pré-história** – Chris Gosden
1058. **Pintou sujeira!** – Mauricio de Sousa
1059. **Contos de Mamãe Gansa** – Charles Perrault
1060. **A interpretação dos sonhos: vol. 1** – Freud
1061. **A interpretação dos sonhos: vol. 2** – Freud
1062. **Frufru Rataplã Dolores** – Dalton Trevisan
1063. **As melhores histórias da mitologia egípcia** – Carmem Seganfredo e A.S. Franchini
1064. **Infância. Adolescência. Juventude** – Tolstói
1065. **As consolações da filosofia** – Alain de Botton
1066. **Diários de Jack Kerouac – 1947-1954**
1067. **Revolução Francesa – vol. 1** – Max Gallo
1068. **Revolução Francesa – vol. 2** – Max Gallo
1069. **O detetive Parker Pyne** – Agatha Christie
1070. **Memórias do esquecimento** – Flávio Tavares
1071. **Drogas** – Leslie Iversen
1072. **Manual de ecologia (vol.2)** – J. Lutzenberger
1073. **Como andar no labirinto** – Affonso Romano de Sant'Anna
1074. **A orquídea e o serial killer** – Juremir Machado da Silva
1075. **Amor nos tempos de fúria** – Lawrence Ferlinghetti
1076. **A aventura do pudim de Natal** – Agatha Christie
1078. **Amores que matam** – Patricia Faur
1079. **Histórias de pescador** – Mauricio de Sousa
1080. **Pedaços de um caderno manchado de vinho** – Bukowski
1081. **A ferro e fogo: tempo de solidão (vol.1)** – Josué Guimarães
1082. **A ferro e fogo: tempo de guerra (vol.2)** – Josué Guimarães
1084(17). **Desembarcando o Alzheimer** – Dr. Fernando Lucchese e Dra. Ana Hartmann
1085. **A maldição do espelho** – Agatha Christie
1086. **Uma breve história da filosofia** – Nigel Warburton
1088. **Heróis da História** – Will Durant
1089. **Concerto campestre** – L. A. de Assis Brasil
1090. **Morte nas nuvens** – Agatha Christie
1092. **Aventura em Bagdá** – Agatha Christie
1093. **O cavalo amarelo** – Agatha Christie
1094. **O método de interpretação dos sonhos** – Freud
1095. **Sonetos de amor e desamor** – Vários
1096. **120 tirinhas do Dilbert** – Scott Adams
1097. **200 fábulas de Esopo**
1098. **O curioso caso de Benjamin Button** – F. Scott Fitzgerald
1099. **Piadas para sempre: uma antologia para morrer de rir** – Visconde da Casa Verde
1100. **Hamlet (Mangá)** – Shakespeare
1101. **A arte da guerra (Mangá)** – Sun Tzu
1104. **As melhores histórias da Bíblia (vol.1)** – A. S. Franchini e Carmen Seganfredo
1105. **As melhores histórias da Bíblia (vol.2)** – A. S. Franchini e Carmen Seganfredo
1106. **Psicologia das massas e análise do eu** – Freud
1107. **Guerra Civil Espanhola** – Helen Graham
1108. **A autoestrada do sul e outras histórias** – Julio Cortázar
1109. **O mistério dos sete relógios** – Agatha Christie
1110. **Peanuts: Ninguém gosta de mim... (amor)** – Charles Schulz
1111. **Cadê o bolo?** – Mauricio de Sousa
1112. **O filósofo ignorante** – Voltaire
1113. **Totem e tabu** – Freud
1114. **Filosofia pré-socrática** – Catherine Osborne
1115. **Desejo de status** – Alain de Botton
1118. **Passageiro para Frankfurt** – Agatha Christie
1120. **Kill All Enemies** – Melvin Burgess
1121. **A morte da sra. McGinty** – Agatha Christie
1122. **Revolução Russa** – S. A. Smith
1123. **Até você, Capitu?** – Dalton Trevisan
1124. **O grande Gatsby (Mangá)** – F. S. Fitzgerald
1125. **Assim falou Zaratustra (Mangá)** – Nietzsche
1126. **Peanuts: É para isso que servem os amigos (amizade)** – Charles Schulz
1127(27). **Nietzsche** – Dorian Astor
1128. **Bidu: Hora do banho** – Mauricio de Sousa
1129. **O melhor do Macanudo Taurino** – Santiago
1130. **Radicci 30 anos** – Iotti
1131. **Show de sabores** – J.A. Pinheiro Machado
1132. **O prazer das palavras** – vol. 3 – Cláudio Moreno
1133. **Morte na praia** – Agatha Christie
1134. **O fardo** – Agatha Christie
1135. **Manifesto do Partido Comunista (Mangá)** – Marx & Engels
1136. **A metamorfose (Mangá)** – Franz Kafka
1137. **Por que você não se casou... ainda** – Tracy McMillan
1138. **Textos autobiográficos** – Bukowski
1139. **A importância de ser prudente** – Oscar Wilde
1140. **Sobre a vontade na natureza** – Arthur Schopenhauer
1141. **Dilbert (8)** – Scott Adams
1142. **Entre dois amores** – Agatha Christie
1143. **Cipreste triste** – Agatha Christie
1144. **Alguém viu uma assombração?** – Mauricio de Sousa
1145. **Mandela** – Elleke Boehmer
1146. **Retrato do artista quando jovem** – James Joyce
1147. **Zadig ou o destino** – Voltaire
1148. **O contrato social (Mangá)** – J.-J. Rousseau
1149. **Garfield fenomenal** – Jim Davis
1150. **A queda da América** – Allen Ginsberg
1151. **Música na noite & outros ensaios** – Aldous Huxley
1152. **Poesias inéditas & Poemas dramáticos** – Fernando Pessoa
1153. **Peanuts: Felicidade é...** – Charles M. Schulz
1154. **Mate-me por favor** – Legs McNeil e Gillian McCain
1155. **Assassinato no Expresso Oriente** – Agatha Christie
1156. **Um punhado de centeio** – Agatha Christie
1157. **A interpretação dos sonhos (Mangá)** – Freud

1158. **Peanuts: Você não entende o sentido da vida** – Charles M. Schulz
1159. **A dinastia Rothschild** – Herbert R. Lottman
1160. **A Mansão Hollow** – Agatha Christie
1161. **Nas montanhas da loucura** – H.P. Lovecraft
1162. (28).**Napoleão Bonaparte** – Pascale Fautrier
1163. **Um corpo na biblioteca** – Agatha Christie
1164. **Inovação** – Mark Dodgson e David Gann
1165. **O que toda mulher deve saber sobre os homens: a afetividade masculina** – Walter Riso
1166. **O amor está no ar** – Mauricio de Sousa
1167. **Testemunha de acusação & outras histórias** – Agatha Christie
1168. **Etiqueta de bolso** – Celia Ribeiro
1169. **Poesia reunida (volume 3)** – Affonso Romano de Sant'Anna
1170. **Emma** – Jane Austen
1171. **Que seja em segredo** – Ana Miranda
1172. **Garfield sem apetite** – Jim Davis
1173. **Garfield: Foi mal...** – Jim Davis
1174. **Os irmãos Karamázov (Mangá)** – Dostoiévski
1175. **O Pequeno Príncipe** – Antoine de Saint-Exupéry
1176. **Peanuts: Ninguém mais tem o espírito aventureiro** – Charles M. Schulz
1177. **Assim falou Zaratustra** – Nietzsche
1178. **Morte no Nilo** – Agatha Christie
1179. **Ê, soneca boa** – Mauricio de Sousa
1180. **Garfield a todo o vapor** – Jim Davis
1181. **Em busca do tempo perdido (Mangá)** – Proust
1182. **Cai o pano: o último caso de Poirot** – Agatha Christie
1183. **Livro para colorir e relaxar** – Livro 1
1184. **Para colorir sem parar**
1185. **Os elefantes não esquecem** – Agatha Christie
1186. **Teoria da relatividade** – Albert Einstein
1187. **Compêndio da psicanálise** – Freud
1188. **Visões de Gerard** – Jack Kerouac
1189. **Fim de verão** – Mohiro Kitoh
1190. **Procurando diversão** – Mauricio de Sousa
1191. **E não sobrou nenhum e outras peças** – Agatha Christie
1192. **Ansiedade** – Daniel Freeman & Jason Freeman
1193. **Garfield: pausa para o almoço** – Jim Davis
1194. **Contos do dia e da noite** – Guy de Maupassant
1195. **O melhor de Hagar 7** – Dik Browne
1196. (29).**Lou Andreas-Salomé** – Dorian Astor
1197. (30).**Pasolini** – René de Ceccatty
1198. **O caso do Hotel Bertram** – Agatha Christie
1199. **Crônicas de motel** – Sam Shepard
1200. **Pequena filosofia da paz interior** – Catherine Rambert
1201. **Os sertões** – Euclides da Cunha
1202. **Treze à mesa** – Agatha Christie
1203. **Bíblia** – John Riches
1204. **Anjos** – David Albert Jones
1205. **As tirinhas do Guri de Uruguaiana 1** – Jair Kobe
1206. **Entre aspas (vol.1)** – Fernando Eichenberg
1207. **Escrita** – Andrew Robinson
1208. **O spleen de Paris: pequenos poemas em prosa** – Charles Baudelaire
1209. **Satíricon** – Petrônio
1210. **O avarento** – Molière
1211. **Queimando na água, afogando-se na chama** – Bukowski
1212. **Miscelânea septuagenária: contos e poemas** – Bukowski
1213. **Que filosofar é aprender a morrer e outros ensaios** – Montaigne
1214. **Da amizade e outros ensaios** – Montaigne
1215. **O medo à espreita e outras histórias** – H.P. Lovecraft
1216. **A obra de arte na era de sua reprodutibilidade técnica** – Walter Benjamin
1217. **Sobre a liberdade** – John Stuart Mill
1218. **O segredo de Chimneys** – Agatha Christie
1219. **Morte na rua Hickory** – Agatha Christie
1220. **Ulisses (Mangá)** – James Joyce
1221. **Ateísmo** – Julian Baggini
1222. **Os melhores contos de Katherine Mansfield** – Katherine Mansfied
1223. (31).**Martin Luther King** – Alain Foix
1224. **Millôr Definitivo: uma antologia de *A Bíblia do Caos*** – Millôr Fernandes
1225. **O Clube das Terças-Feiras e outras histórias** – Agatha Christie
1226. **Por que sou tão sábio** – Nietzsche
1227. **Sobre a mentira** – Platão
1228. **Sobre a leitura *seguido do* Depoimento de Céleste Albaret** – Proust
1229. **O homem do terno marrom** – Agatha Christie
1230. (32).**Jimi Hendrix** – Franck Médioni
1231. **Amor e amizade e outras histórias** – Jane Austen
1232. **Lady Susan, Os Watson e Sanditon** – Jane Austen
1233. **Uma breve história da ciência** – William Bynum
1234. **Macunaíma: o herói sem nenhum caráter** – Mário de Andrade
1235. **A máquina do tempo** – H.G. Wells
1236. **O homem invisível** – H.G. Wells
1237. **Os 36 estratagemas: manual secreto da arte da guerra** – Anônimo
1238. **A mina de ouro e outras histórias** – Agatha Christie
1239. **Pic** – Jack Kerouac
1240. **O habitante da escuridão e outros contos** – H.P. Lovecraft
1241. **O chamado de Cthulhu e outros contos** – H.P. Lovecraft
1242. **O melhor de Meu reino por um cavalo!** – Edição de Ivan Pinheiro Machado
1243. **A guerra dos mundos** – H.G. Wells
1244. **O caso da criada perfeita e outras histórias** – Agatha Christie
1245. **Morte por afogamento e outras histórias** – Agatha Christie
1246. **Assassinato no Comitê Central** – Manuel Vázquez Montalbán
1247. **O papai é pop** – Marcos Piangers

1248. **O papai é pop 2** – Marcos Piangers
1249. **A mamãe é rock** – Ana Cardoso
1250. **Paris boêmia** – Dan Franck
1251. **Paris libertária** – Dan Franck
1252. **Paris ocupada** – Dan Franck
1253. **Uma anedota infame** – Dostoiévski
1254. **O último dia de um condenado** – Victor Hugo
1255. **Nem só de caviar vive o homem** – J.M. Simmel
1256. **Amanhã é outro dia** – J.M. Simmel
1257. **Mulherzinhas** – Louisa May Alcott
1258. **Reforma Protestante** – Peter Marshall
1259. **História econômica global** – Robert C. Allen
1260. (33). **Che Guevara** – Alain Foix
1261. **Câncer** – Nicholas James
1262. **Akhenaton** – Agatha Christie
1263. **Aforismos para a sabedoria de vida** – Arthur Schopenhauer
1264. **Uma história do mundo** – David Coimbra
1265. **Ame e não sofra** – Walter Riso
1266. **Desapegue-se!** – Walter Riso
1267. **Os Sousa: Uma família do barulho** – Mauricio de Sousa
1268. **Nico Demo: O rei da travessura** – Mauricio de Sousa
1269. **Testemunha de acusação e outras peças** – Agatha Christie
1270. (34). **Dostoiévski** – Virgil Tanase
1271. **O melhor de Hagar 8** – Dik Browne
1272. **O melhor de Hagar 9** – Dik Browne
1273. **O melhor de Hagar 10** – Dik e Chris Browne
1274. **Considerações sobre o governo representativo** – John Stuart Mill
1275. **O homem Moisés e a religião monoteísta** – Freud
1276. **Inibição, sintoma e medo** – Freud
1277. **Além do princípio do prazer** – Freud
1278. **O direito de dizer não!** – Walter Riso
1279. **A arte de ser flexível** – Walter Riso
1280. **Casados e descasados** – August Strindberg
1281. **Da Terra à Lua** – Júlio Verne
1282. **Minhas galerias e meus pintores** – Kahnweiler
1283. **A arte do romance** – Virginia Woolf
1284. **Teatro completo v. 1: As aves da noite** *seguido de* **O visitante** – Hilda Hilst
1285. **Teatro completo v. 2: O verdugo** *seguido de* **A morte do patriarca** – Hilda Hilst
1286. **Teatro completo v. 3: O rato no muro** *seguido de* **Auto da barca de Camiri** – Hilda Hilst
1287. **Teatro completo v. 4: A empresa** *seguido de* **O novo sistema** – Hilda Hilst
1289. **Fora de mim** – Martha Medeiros
1290. **Divã** – Martha Medeiros
1291. **Sobre a genealogia da moral: um escrito polêmico** – Nietzsche
1292. **A consciência de Zeno** – Italo Svevo
1293. **Células-tronco** – Jonathan Slack
1294. **O fim do ciúme e outros contos** – Proust
1295. **A jangada** – Júlio Verne
1296. **A ilha do dr. Moreau** – H.G. Wells
1297. **Ninho de fidalgos** – Ivan Turguêniev
1298. **Jane Eyre** – Charlotte Brontë
1299. **Sobre gatos** – Bukowski
1300. **Sobre o amor** – Bukowski
1301. **Escrever para não enlouquecer** – Bukowski
1302. **222 receitas** – J. A. Pinheiro Machado
1303. **Reinações de Narizinho** – Monteiro Lobato
1304. **O Saci** – Monteiro Lobato
1305. **Memórias da Emília** – Monteiro Lobato
1306. **O Picapau Amarelo** – Monteiro Lobato
1307. **A reforma da Natureza** – Monteiro Lobato
1308. **Fábulas** *seguido de* **Histórias diversas** – Monteiro Lobato
1309. **Aventuras de Hans Staden** – Monteiro Lobato
1310. **Peter Pan** – Monteiro Lobato
1311. **Dom Quixote das crianças** – Monteiro Lobato
1312. **O Minotauro** – Monteiro Lobato
1313. **Um quarto só seu** – Virginia Woolf
1314. **Sonetos** – Shakespeare
1315. (35). **Thoreau** – Marie Berthoumieu e Laura El Makki
1316. **Teoria da arte** – Cynthia Freeland
1317. **A arte da prudência** – Baltasar Gracián
1318. **O louco** *seguido de* **Areia e espuma** – Khalil Gibran
1319. **O profeta** *seguido de* **O jardim do profeta** – Khalil Gibran
1320. **Jesus, o Filho do Homem** – Khalil Gibran
1321. **A luta** – Norman Mailer
1322. **Sobre o sofrimento do mundo e outros ensaios** – Schopenhauer
1323. **Epidemiologia** – Rodolfo Saracci
1324. **Japão moderno** – Christopher Goto-Jones
1325. **A arte da meditação** – Matthieu Ricard
1326. **O adversário secreto** – Agatha Christie
1327. **Pollyanna** – Eleanor H. Porter
1328. **Espelhos** – Eduardo Galeano
1329. **A Vênus das peles** – Sacher-Masoch
1330. **O 18 de brumário de Luís Bonaparte** – Karl Marx
1331. **Um jogo para os vivos** – Patricia Highsmith
1332. **A tristeza pode esperar** – J.J. Camargo
1333. **Vinte poemas de amor e uma canção desesperada** – Pablo Neruda
1334. **Judaísmo** – Norman Solomon
1335. **Esquizofrenia** – Christopher Frith & Eve Johnstone
1336. **Seis personagens em busca de um autor** – Luigi Pirandello
1337. **A Fazenda dos Animais** – George Orwell
1338. **1984** – George Orwell
1339. **Ubu Rei** – Alfred Jarry
1340. **Sobre bêbados e bebidas** – Bukowski
1341. **Tempestade para os vivos e para os mortos** – Bukowski
1342. **Complicado** – Natsume Ono
1343. **Sobre o livre-arbítrio** – Schopenhauer
1344. **Uma breve história da literatura** – John Sutherland
1345. **Você fica tão sozinho às vezes que até faz sentido** – Bukowski

lepmeditores
www.lpm.com.br
o site que conta tudo

IMPRESSÃO:

PALLOTTI
GRÁFICA

Santa Maria - RS | Fone: (55) 3220.4500
www.graficapallotti.com.br